SONHO SEM ESTRATÉGIA NÃO VIRA REALIDADE

CARO(A) LEITOR(A),
Queremos saber sua opinião
sobre nossos livros.
Após a leitura, siga-nos no
linkedin.com/company/editora-gente,
no TikTok **@editoragente**
e no Instagram **@editoragente**,
e visite-nos no site
www.editoragente.com.br.
Cadastre-se e contribua com
sugestões, críticas ou elogios.

Marcos Freitas
Organizador

SONHO SEM ESTRATÉGIA NÃO VIRA REALIDADE

Crie um plano tático para aumentar seus resultados na vida e nos negócios

**Agnes Bastos Junqueira • Antônio Netto • Claudio Santos
Fabio Jr. Soma • Guilherme Enck • Guiner Castilho
Juliana Brum • Luis Carlos Murari Jr. • Magali Amorim
Mel Moura Moreno • Natália Simony • Rejane Maciel
Renato Trisciuzzi • Tiago Lopes**

Diretora
Rosely Boschini

Gerente Editorial Sênior
Rosângela de Araujo Pinheiro Barbosa

Editora
Juliana Fortunato

Produção Gráfica
Leandro Kulaif

Coordenação Editorial
Algo Novo Editorial

Preparação
Debora Capella

Capa
Marcela Badollatto

Projeto Gráfico
Márcia Matos

Diagramação
Vanessa Lima

Revisão
Luciana Figueiredo
Giulia Molina Frost

Impressão
Assahi

Copyright © 2025 by Marcos Freitas (org.), Agnes Bastos Junqueira, Antônio Netto, Claudio Santos, Fabio Jr. Soma, Guilherme Enck, Guiner Castilho, Juliana Brum, Luis Carlos Murari Jr., Magali Amorim, Mel Moura Moreno, Natália Simony, Rejane Maciel, Renato Trisciuzzi, Tiago Lopes
Todos os direitos desta edição são reservados à Editora Gente.
R. Dep. Lacerda Franco, 300 - Pinheiros
São Paulo, SP - CEP 05418-000
Telefone: (11) 3670-2500
Site: www.editoragente.com.br
E-mail: gente@editoragente.com.br

Dados Internacionais de Catalogação na Publicação (CIP)
Angélica Ilacqua CRB-8/7057

Sonho sem estratégia não vira realidade: crie um plano tático para aumentar seus resultados na vida e nos negócios / organizado por Marcos Freitas. — São Paulo: Gente Autoridade, 2025.
192 p.

ISBN 978-65-6107-041-6

1. Desenvolvimento pessoal 2. Desenvolvimento profissional I. Freitas, Marcos

25-0479 CDD 158.1

Índice para catálogo sistemático:
1. Desenvolvimento pessoal

NOTA DA PUBLISHER

Vivemos em tempos de transformação acelerada, em que a busca por realização profissional e pessoal muitas vezes se confunde com a pressão por resultados imediatos. Nessa jornada, muitos acabam se perdendo, sem ter clareza dos próprios talentos e propósito, assim como do caminho que devem seguir. O medo da mudança, a insegurança diante das incertezas e a falta de um plano estruturado fazem inúmeros profissionais e empreendedores se sentirem estagnados, sem saber como dar o próximo passo.

Foi exatamente para destravar esse potencial que nasceu esta obra, organizada por Marcos Freitas, na qual ele também compartilha a própria expertise. Com uma trajetória consolidada na capacitação de profissionais e empresas, ele reuniu um time de referência para oferecer um conteúdo direto, acessível e profundamente transformador. A experiência coletiva dos autores garante que este livro seja um grande incentivo para quem deseja evoluir com estratégia e propósito.

Aqui estão reunidos quinze especialistas que enfrentaram os desafios que mencionei no início e desenvolveram estratégias comprovadas para superá-los. Cada capítulo é um convite à ação, oferecendo insights e ferramentas práticas para quem deseja alinhar essência e posicionamento no mundo, conquistar autoridade e transformar sonhos em realidade.

Se você sente que está pronto para ir além, mas precisa de direcionamento para essa virada de chave, este livro é para você. Nestas páginas, você encontrará o impulso necessário para destravar sua jornada e construir um caminho de sucesso, alinhado com quem você realmente é. Sua evolução começa agora. Boa leitura!

ROSELY BOSCHINI
CEO e Publisher da Editora Gente

Para todos os leitores e todas as leitoras
que têm coragem e resiliência para trilhar o
caminho em direção aos próprios sonhos.

SUMÁRIO

Introdução A força de um plano: do caos à estratégia
Marcos Freitas 10

Capítulo 1 Experimente, aprenda e ajuste
Antônio Netto 16

Capítulo 2 Como comandar sua mente e mudar os resultados
Guiner Castilho 28

Capítulo 3 Invista em seu capital cerebral
Juliana Brum 42

Capítulo 4 Você merece se priorizar
Natália Simony 54

Capítulo 5 Reprogramar e começar de novo
Tiago Lopes 68

Capítulo 6 A liderança que habita em você convida
         ao autoconhecimento e à estratégia
Mel Moura Moreno 82

Capítulo 7 Menos medo e mais realização de sonhos
Luis Carlos Murari Jr. 96

Capítulo 8 Comunicação biunívoca e estratégica
Renato Trisciuzzi 106

Capítulo 9 Destrave sua essência
Fabio Jr. Soma 118

Capítulo 10 Conexões genuínas: doar para receber
Agnes Bastos Junqueira, Claudio Santos e Magali Amorim 134

Capítulo 11 Delegar: do caos à organização
Marcos Freitas 150

Capítulo 12 Mulher: liderança que gera impacto
Rejane Maciel 162

Capítulo 13 Dois passos para a verdadeira riqueza
Guilherem Enck 174

Conclusão Ou muda, ou muda
Marcos Freitas 188

INTRODUÇÃO
A FORÇA DE UM PLANO: DO CAOS À ESTRATÉGIA

 **POR MARCOS FREITAS**

Certa tarde, um jovem que explorava um quartinho de guardar coisas na casa dos avós encontrou uma caixa de madeira muito antiga adornada com arabescos e fechada por um trinco dourado que não estava preso por um cadeado. Quando abriu a caixa, ficou impressionado: ali dentro estavam muitas peças bem pequenas que pareciam fazer parte de um quebra-cabeças gigante.

De quando será que é esse quebra-cabeça?, ele pensou. Ao perguntar aos avós, descobriu que provavelmente pertencia a um tio distante que já não estava mais na família, e de quem seu avô havia herdado alguns pertences. Ficou intrigado com aquilo. Segurava algumas peças na mão e não conseguia entender o que poderia ser o desenho final, mas estimava que existiam ali pelo menos 5 mil pecinhas para formar o quadro completo.

Decidiu se arriscar. Em uma mesa grande, jogou todos os itens encontrados e começou a tentar dar algum tipo de organização para o que via. Em primeiro lugar, optou por separar as peças por tema com flores, folhas e alguns outros itens da natureza. Infelizmente, não chegou a lugar algum. Depois, tentou separar por cor, mas ainda assim parecia um caminho sem fim.

Quando estava prestes a desistir, voltou ao quartinho da bagunça em busca de uma luz do que poderia ser aquela imagem. Revirou caixas, olhou em cima dos armários e levantou todo o pó acumulado com os anos. Desistiu. Sentou-se na cadeira e, quando estava já bem chateado por não ter matado a charada, viu que a caixa de madeira tinha um fundo falso. Embaixo dele, estava a imagem do quebra-cabeça. Naquele momento, tudo ficou mais fácil.

A foto completa do quebra-cabeça era uma ponte, e do lado esquerdo dela era possível ver uma silhueta bem pequena que estava prestes a atravessar. Ao redor, muitas árvores, flores, um céu azul incrível, com nuvens e sol em um dia lindo. Porém a ponte estava ali e parecia precisar ser cruzada. Com a imagem, ele decidiu montar o quebra-cabeça e cruzar essa ponte de desafio.

Aqui, nesta obra, quero que você faça o mesmo. Escolhi começar a introdução deste livro com uma história diferente para chegar a alguns pontos importantes: você é a silhueta que encara a ponte, e as peças do quebra-cabeça são os capítulos que separam o agora do amanhã transformador. Atravessar a ponte é um sonho, porém, sem a estratégia adequada, esse sonho não se transformará em realidade. Para cumprir essa tarefa, você precisa de um plano tático, pois só assim poderá aumentar seus resultados na vida e nos negócios. Pronto. Chegamos à conclusão principal de tudo isso.

Muitas vezes ficamos completamente perdidos quanto ao que fazer, quais passos dar e para onde ir. Muitas vezes não sabemos o que precisamos fazer para que nossa vida dê certo e os negócios atinjam o próximo nível de resultados. Em meio à falta de resultados, existe a coragem para crescer, assim como explorei em meu primeiro livro publicado pela Editora Gente. E reforço essa ideia a partir deste projeto único e muito especial, que traz a expertise de alguns dos maiores nomes que conheço em suas respectivas áreas.

Lembro-me de quando recebi o convite para ser o organizador desta obra coletiva. Fiquei positivamente surpreso e preocupado. Surpreso porque o convite era maravilhoso, entretanto preocupado porque queria trazer o melhor que cada autor – incluindo eu – pode oferecer. Era uma tarefa única e bem desafiadora. Mas aceitei e estou muito feliz de estar aqui, afinal também já participei de uma coletânea, e o resultado foi sensacional.

A verdade é que, neste tipo de livro, existe o melhor de todos os mundos: ao unir visões diferentes, formamos um corpo forte de autores que muitas vezes queriam ter a possibilidade de escrever um livro, porém ainda não o fizeram pelos mais variados motivos – talvez falta de tempo, talvez por ainda não ser o momento certo ou outras questões. Entretanto, com a possibilidade de escrever um capítulo em uma obra de muitos nomes fortes, esse autor coloca tudo o que há de melhor em si e faz com que a entrega seja ainda mais potencializada.

Por esse e tantos outros motivos, sinto segurança em afirmar que *Sonho sem estratégia não vira realidade* vai transformar sua vida e sua carreira ou seu negócio de modos que você jamais imaginou. São histórias reais, de pessoas comuns, com cases poderosos e metodologias únicas que combinam visão e execução para oferecer algo gigante.

Você encontrará temas variados: arquétipo, capital cerebral, liderança com autoconhecimento e alavancagem na vida e nos negócios, realização de sonhos, aplicação do método das startups na vida, como delegar para fazer um negócio crescer, como comandar o subconsciente e muito mais. Porém, um objetivo em comum permeará todas as páginas: a intenção de ser prático, objetivo, leve, gostoso de ler e, principalmente, aplicável para todos aqueles que querem se desenvolver dentro dos diversos pilares que comentei.

Em suma, assim como o jovem da história do quebra-cabeça precisou traçar a estratégia e buscar o que precisava ser feito para montar a imagem da ponte, todos nós temos peças importantes em nossas mãos: nossos sonhos, talentos, recursos e experiências. Sem uma visão clara e um plano estratégico, contudo, as peças ficam desconectadas, sem formar a grande obra que temos o potencial de construir. E cabe a você decidir: vai deixar as peças espalhadas ou começar a construir? Este é um momento de decisão, e espero que você decida colocar em prática.

Bem-vindo à sua jornada estratégica. Que este livro seja o primeiro passo para transformar o caos em clareza e seus sonhos em realidade.

Um abraço,

MARCOS FREITAS

SONHO SEM ESTRATÉGIA NÃO VIRA REALIDADE VAI TRANSFORMAR SUA VIDA E SUA CARREIRA OU SEU NEGÓCIO DE MODOS QUE VOCÊ JAMAIS IMAGINOU.

1

EXPERIMENTE, APRENDA E AJUSTE

ANTÔNIO
NETTO

ANTÔNIO NETTO é médico, com dezessete anos de experiência como emergencista e gestor. Na linha de frente, salvou vidas, realizou cerca de 300 mil atendimentos e liderou mais de 4 mil médicos, criando empresas para solucionar desafios hospitalares. Sempre intencional, empreendeu em setores diversos para desenvolver competências variadas. No auge da carreira, transicionou para CMO na LeBlank, startup que fundou com a esposa, multiplicando o *valuation* em apenas um ano. É investidor e lidera captações de Venture Capital para expandir a empresa. Acredita que estagnação é escolha, por isso inspira pessoas que queiram pivotar a vida e os negócios.

dr_antonionetto
antônio-netto-298297302
FOTO: ©RELIV.COM.BR

Você já teve a sensação de estar parado enquanto o mundo avança? Parece que todos ao seu redor estão encontrando novos caminhos, enquanto você se sente preso em uma rotina sem inspiração. O medo do desconhecido e o conforto de permanecer no que é seguro, mesmo que insatisfatório, muitas vezes nos acomodam. Surge, então, aquela sensação de estagnação: saber que algo precisa mudar, mas não ter ideia de por onde começar. Isso não significa que você não tenha potencial; apenas está preso em um ciclo que parece impossível de romper.

Antes de avançarmos, quero eliminar duas objeções comuns. A primeira é a do reclamão – aquela pessoa que passa a vida se perguntando "e se?" e culpando o mundo pelas circunstâncias. Já encontrou alguém assim? Talvez você conheça a história de Pedro Janot. Após um acidente que o deixou tetraplégico, ele tinha todos os motivos para desistir, culpar o destino e parar por aí. Mas não foi o que ele fez. Pedro se reinventou, transformando a dor em uma missão. Hoje, inspira pessoas como palestrante e consultor.

A segunda objeção é a da vítima. Com esse perfil, temos aquela pessoa que enfrenta dificuldades reais, é verdade, mas escolhe se acomodar nelas. Geraldo Rufino, por exemplo, tinha tudo para justificar a inércia: começou com nada além de sucata. No entanto, em vez de se apoiar em desculpas, construiu um império.

E aqui está a reflexão: enquanto você culpa o mundo, será que não está deixando o poder da mudança fora de seu alcance? Meu objetivo é ajudá-lo a sair desse ciclo com pequenos passos e um plano validado.

A verdade é que a sensação de estagnação raramente é consequência de uma única decisão equivocada. Na maioria das vezes, ela resulta de uma série de pequenas escolhas adiadas, passos não dados e reflexões evitadas. É como se cada dia desperdiçado fosse mais um tijolo no muro que separa você do futuro que poderia alcançar. A procrastinação, disfarçada por desculpas que até parecem razoáveis – como "não é o momento certo", "não tenho os recursos necessários" –, alimenta a paralisia. O problema é que o tempo não para. Enquanto o relógio avança, as oportunidades escapam, e a sensação de frustração aumenta.

Essa inércia não afeta apenas o campo profissional, em que o medo de errar ou a busca por certezas paralisa decisões. Ela impacta também a vida pessoal: relacionamentos se enfraquecem, sonhos se tornam distantes e a rotina adquire um peso sufocante.

Para piorar, existem dois vilões invisíveis que alimentam essa estagnação: o "tapadismo" e o "seachismo". O "tapadismo" age como uma venda nos olhos, impedindo a pessoa de enxergar a necessidade de mudança. É o piloto automático que faz tudo parecer "ok", enquanto o mundo ao redor continua avançando. Já o "seachismo" cria uma falsa sensação de segurança, convencendo a pessoa de que já é boa o suficiente e, por isso, não precisa melhorar. É uma combinação perigosa de cegueira e excesso de confiança que mantém as pessoas paradas.

Mas esses vilões podem ser vencidos. Reconhecê-los é o primeiro passo. Ajustar o "GPS mental" e aceitar que é hora de mudar funciona como zerar o trajeto. E o custo de não agir agora é o atraso: quanto mais se demora para perceber o problema, mais distante você fica das soluções. Então, caso o "tapadismo" e o "seachismo" estejam presentes, vamos cuidar deles.

É hora de mudar o jogo. Pensando nos motivos pelos quais isso acontece, é evidente que muitas pessoas nunca foram ensinadas a lidar estrategicamente com mudanças, muito menos com os riscos que elas envolvem. A ideia de que arriscar é irresponsável é uma das crenças mais limitantes que podemos ter. Culturalmente, fomos condicionados a buscar segurança. Em diversas famílias, há uma forte pressão para seguir carreiras "certas" ou manter padrões de vida estáveis, o que acaba gerando medo de falhar ou decepcionar.

Em resumo, grande parte das pessoas não recebeu o conhecimento necessário para elaborar um plano ou compreender que errar faz parte do processo – um aprendizado que, paradoxalmente, poderia acarretar mais confiança e coragem para agir.

Mas não precisa ser assim. Pense em como as startups crescem: elas não começam gigantes, com investimentos milionários e planos perfeitos. Começam com o produto mínimo viável (MVP), testando ideias, aprendendo com erros e refinando estratégias. Veja o exemplo do Facebook. Antes de se tornar o gigante global que conhecemos, começou pequeno, restrito aos alunos de Harvard. Era um teste para entender o interesse das pessoas. Diante do aprendizado, ajustou-se e expandiu-se, transformando esse conceito em um império. Agora, imagine aplicar essa lógica à sua vida. E se você encarasse sua transformação como uma startup bem-sucedida?

É aqui que entra o Protocolo Beta, uma estratégia clara e prática para sair da estagnação e alcançar resultados. O método não exige que você acerte de primeira. Pelo contrário, incentiva a testar, errar, aprender e ajustar. Cada pequeno movimento estratégico é como um investimento em sua evolução, com o potencial de gerar retornos muito maiores do que o esforço inicial.

Assim como nas startups, a experimentação é essencial para crescer e melhorar. Ela evita frustrações e economiza tempo ao permitir ajustes desde as primeiras etapas. E a solução está em agir agora. Comece sem medo de errar e priorize a execução. O Protocolo Beta é pautado em cinco rodadas inspiradas no *fundraising* – a captação de investimentos para o crescimento de startups. Aqui, você inicia pequeno, valida no mundo real e expande com base no aprendizado. Vamos aos passos!

1. RODADA DE DESCOBERTA: MAPEIE SEUS ATIVOS E DESAFIOS

Esse é o primeiro passo para qualquer mudança significativa. Você precisa entender, sem filtros ou desculpas, onde está agora. Sem um diagnóstico claro, qualquer movimento pode ser arriscado. Identifique o que você já tem de valor e os desafios que precisa enfrentar para traçar um caminho viável.

Então pergunte-se: "O que eu faria amanhã se não tivesse medo de falhar?"; "Quais são meus superpoderes?"; "O que está me travando, mas tenho evitado enfrentar?". Essas reflexões ajudam a sair do superficial, revelando tanto seu potencial quanto os bloqueios que precisam ser superados.

Davi Braga, aos 13 anos, identificou um problema comum enfrentado por pais e alunos: a dificuldade de comprar material escolar de maneira prática. Diante disso, usou habilidades empreendedoras para criar uma startup que simplificasse esse processo. Esse primeiro passo validou a ideia, abriu espaço para apresentar o negócio em um programa de TV e resultou no lançamento de um livro que inspira jovens a perseguirem sonhos.

2. RODADA *SEED*: FORTALEÇA SUAS BASES

Na rodada *seed*, é hora de semear o terreno para colher um crescimento sustentável. Invista no desenvolvimento de habilidades, na adoção de ferramentas adequadas e na criação de rotinas que facilitem os próximos passos. É o momento de aprender e se preparar.

Pergunte-se: "Qual habilidade ou conhecimento posso desenvolver agora para desbloquear novas oportunidades?"; "Quais ferramentas ou recursos básicos estão faltando para eu avançar de maneira consistente?".

Essas reflexões ajudam a construir alicerces sólidos, garantindo que seu plano não desmorone por falta de preparo.

João Branco, ex-VP de Marketing do McDonald's, sempre soube que queria atuar na área de marketing, mas decidiu começar fortalecendo as bases. Formou-se em Administração de Empresas e iniciou a carreira na área de planejamento financeiro. Esse caminho potencializou o desempenho que teria no marketing, permitindo que liderasse projetos inovadores e gerasse resultados históricos para as marcas.

3. RODADA DE VALIDAÇÃO: TESTE SUAS IDEIAS NO MUNDO REAL

É hora de colocar suas ideias em prática e observar os resultados no mundo real. O foco não é acertar de primeira, mas aprender rapidamente o que funciona, ajustar e evoluir. Esse processo também ajuda a entender se o caminho escolhido realmente combina com suas expectativas e seus objetivos.

Pergunte-se: "Qual é o menor passo para testar minha ideia?"; "O que posso aprender com esse teste, independentemente do resultado?"; "Quem pode me dar feedback honesto e construtivo sobre minha ação inicial?". São questionamentos que permitem validar as iniciativas com experimentos simples e de baixo risco, promovendo ajustes antes de grandes compromissos.

Aqui, quero que imagine dedicar tempo e esforço para se tornar um palestrante e perceber que o dia a dia dessa atividade não é compatível com o que você queria. Se testar essa ideia e ela não funcionar, você deve mudar a trajetória.

4. RODADA SÉRIE A: EXPANSÃO COM FOCO E ESTRATÉGIA

Agora é o momento de ganhar tração no que realmente funciona e alavancar os resultados. Conecte-se a mentores experientes, explore novos ambientes e aproxime-se de pessoas que desafiam você a enxergar além do óbvio. Assim como startups atraem investidores estratégicos que agregam visão e recursos, essa etapa exige conexões capazes de impulsionar seu crescimento.

Pergunte-se: "Quem pode ser um catalisador para meu plano?"; "O ambiente em que estou inserido oferece aquilo de que preciso?"; "Como fortalecer minha rede de relacionamentos?". Com essas ideias, você identificará os apoios necessários e o ambiente ideal.

Durante minha transição de médico para empreendedor, João Kepler foi fundamental. Antes, eu tinha uma visão tradicional de empreendedorismo. Kepler me desafiou a criar uma visão de negócio que dificilmente eu conseguiria enxergar sem essas provocações. Com a orientação dele, reformulei o pitch de captação e passei a frequentar ambientes que abriram portas essenciais. O resultado foi um aporte significativo de capital financeiro e intelectual, que acelerou o crescimento da minha startup e multiplicou o valor de mercado. Ou seja, com o apoio certo, você pode superar limites e atingir resultados que antes pareciam inalcançáveis.

5. RODADA IPO PESSOAL: CONSOLIDAR E COMPARTILHAR OS RESULTADOS

A última rodada é o momento de apresentar ao mundo os frutos de sua transformação. Assim como empresas lançam ações públicas para consolidar e ampliar valor, nessa etapa a ideia é mostrar quem você se tornou. Compartilhar os resultados não é apenas uma celebração, mas também uma maneira poderosa de amplificar as conquistas, inspirar outras pessoas e continuar crescendo. Mais do que reconhecimento, essa fase abre novas oportunidades para transformar sua vida e impactar outros ao seu redor.

Então pergunte-se: "Como posso inspirar outras pessoas com minha jornada?"; "Qual mensagem quero compartilhar com o mundo?";

"Quais oportunidades podem amplificar meu impacto e abrir novas portas?". Essa etapa servirá para ajudar você a se posicionar com clareza e construir um legado sólido.

Marcos Freitas, organizador desta obra, é um exemplo vivo disso. Transformou uma metodologia em um legado de impacto global, ajudando mais de 20 mil empresas e profissionais no Brasil e no exterior.

Sendo assim, posso dizer que acompanhar startups me levou a um momento decisivo: perceber que a lógica que elas seguem poderia ser aplicada ao crescimento pessoal. Esse insight mudou tudo. Passei a encarar minha trajetória como um ciclo contínuo de descobertas, validações e ajustes, semelhante ao que acontece no mundo dos negócios.

Essa perspectiva redefiniu minha abordagem. Cada escolha tornou-se um experimento; cada erro, uma oportunidade de aprendizado; e cada ajuste, um passo em direção ao crescimento. Perceber que não precisava de condições perfeitas para começar foi libertador. Ao conectar a experiência pessoal que eu tinha à lógica de escalabilidade das startups, compreendi que era possível evoluir sem travas. O Protocolo Beta é um método que não apenas observei funcionar, mas também transformou profundamente minha jornada.

Esperar pelas condições ideais nos mantém estagnados. O Protocolo Beta consiste em agir, então crie situações que o desafiem, pois é na prática que surge a evolução.

Avalie constantemente o ambiente à sua volta e questione suas escolhas. Pergunte-se quais são os benefícios e os riscos. Com ação, até os erros tornam-se aliados. Sem ela, tudo permanece igual. Quando os resultados chegarem, você perceberá que o maior ganho foi ter iniciado.

E agora? A jornada começa com você. A intenção de mudar e as ferramentas estão ao seu alcance. O resto? Você aprende enquanto faz. Errar não é falhar; é ganhar clareza e descobrir o que realmente importa. As escolhas de hoje definem o progresso que você busca.

Dê o primeiro passo. Avance, mesmo que devagar, mas avance. Um dia, ao olhar para trás, você perceberá que o esforço inicial foi pequeno comparado ao impacto alcançado.

Sonhos saem do papel com intencionalidade, preparação e coragem para agir. A decisão é sua. Vá em frente. Experimente, aprenda e ajuste.

CADA PEQUENO
MOVIMENTO ESTRATÉGICO
É COMO UM INVESTIMENTO
EM SUA EVOLUÇÃO,
COM O POTENCIAL
DE GERAR RETORNOS
MUITO MAIORES DO
QUE O ESFORÇO INICIAL.

2

COMO COMANDAR SUA MENTE E MUDAR OS RESULTADOS

GUINER CASTILHO é empresário, investidor e especialista em hipnose e neurociência, com mais de uma década de experiência. Criador da metodologia Gestão do Subconsciente, ajuda empresas e profissionais a reprogramar a mente para alcançar alta performance. Fundador da escola Engenharia da Mente, tem a missão de transformar conhecimento em resultados reais.

- guinercastilho
- www.guinercastilho.com.br
- guinercastilho
- guinercastilho
- GuinerCastilho
- www.engenhariadamente.com.br
- engenhariadamente
- EngenhariadaMente
- www.guinercastilho.com.br/contato

FOTO: ACERVO PESSOAL

Você já sentiu que, por mais que se esforce, acaba preso nos mesmos erros ou resultados frustrantes? Talvez seja a dificuldade de sair de um emprego insatisfatório, melhorar relacionamentos ou criar hábitos e comportamentos mais saudáveis. Talvez apareçam outras questões, mas essa sensação de estar vivendo no looping dos mesmos erros e resultados é muito mais comum do que se imagina, e acontece porque grande parte das decisões que tomamos – ou deixamos de tomar – não vem da lógica ou da força de vontade, e sim do piloto automático que opera em segundo plano: o subconsciente.

O subconsciente molda nossas escolhas com base em crenças, experiências passadas e padrões que absorvemos ao longo da vida. Ele garante que você permaneça na zona de conforto, mesmo quando ela é desconfortável, levando à sabotagem de objetivos e metas de maneira quase imperceptível. O maior desafio que enfrentamos, então, muitas vezes nem é a falta de conhecimento ou oportunidades, mas a dificuldade de entender e transformar o próprio subconsciente.

É uma barreira que afeta todas as áreas da vida: no trabalho, surge como medo de mudanças; nos relacionamentos, repete ciclos insatisfatórios; nas finanças, dívidas e descontrole financeiro; por fim, na saúde, perpetua maus hábitos, mesmo sabendo o que precisa ser feito para mudar. É doloroso ver pessoas talentosas e cheias de sonhos sendo vencidas por esse mecanismo automático. Muitos desistem, acreditando que "não nasceram para o sucesso". Só por estar aqui, sei que você não desistiu.

Em contrapartida, o subconsciente não é uma barreira: também é uma ferramenta poderosa que pode ser reprogramada. Isso significa que você não precisa ser vítima de seus padrões mentais; pode transformá-los em aliados estratégicos para alcançar resultados extraordinários. Como tudo se inicia na mente, é essencial refletir sobre os erros e acertos de nossa vida, entendendo como eles são um reflexo direto do que está armazenado no subconsciente – e como isso pode nos levar a conquistar ou sabotar nossos objetivos.

Então vamos aos fatos iniciais: o subconsciente é um grande sabotador porque controla grande parte das decisões,[1] muitas vezes guiando você a repetir erros, mesmo sem perceber. Esse piloto automático, por sua vez, cria barreiras invisíveis que bloqueiam o progresso e tornam as mudanças cada vez mais difíceis. Em seguida, a cada dia, ele reforça essas limitações, impedindo que você tome decisões que podem transformar sua vida.

Como consequência direta, temos o tempo perdido e a sensação de estagnação. Sem entender e transformar o subconsciente, sonhos continuam adiados, oportunidades escapam, e você vive preso em um ciclo de comportamentos e hábitos ruins. É a angústia de querer avançar, mas ser constantemente puxado para trás.

Ainda por causa desse problema, você sente falta de controle e clareza. Não consegue realizar mudanças simples, como começar novos projetos, melhorar hábitos ou tomar decisões na carreira e na vida pessoal. Cada tentativa frustrada parece apenas reforçar o mesmo padrão, drenando sua energia e aumentando o conformismo, até que todos os dias pareçam iguais. Em muitos casos, isso ainda faz surgir uma sensação mais profunda: talvez você não se sinta merecedor de alcançar o "sucesso" que tanto deseja.

Agora, pare e reflita: você reconhece esses sinais em sua vida? Será que, sem perceber, também está preso nesse ciclo?

Aqueles que estão presos a um subconsciente sabotador frequentemente sentem frustração e desânimo. A frustração surge porque,

---

1 WILSON, T. D. **Strangers to Ourselves**: Discovering the Adaptive Unconscious. Cambridge: Belknap Press, 2004.

apesar do esforço, os resultados parecem sempre fora de alcance, como se algo invisível os segurasse. Já o desânimo aparece quando os fracassos acumulados levam a acreditar que mudanças são impossíveis, minando qualquer esperança de transformação. Aqui entra a ansiedade, que se torna uma companhia constante, enquanto projetos e sonhos são deixados de lado. A vida passa, e as oportunidades escapam por entre os dedos, deixando uma sensação amarga de arrependimento e impotência.

Em suma, são situações dolorosas, como a sensação de estar correndo sem sair do lugar ou a angústia de perceber que sempre volta aos mesmos erros e padrões. Cada tentativa frustrada é um golpe na confiança, empurrando você ainda mais para o ciclo de estagnação. Ou seja, se o subconsciente continuar comandando no piloto automático, o preço será sempre o mesmo: sonhos desperdiçados, potencial não explorado e uma vida sem propósito.

Desse modo, ao refletir sobre os fatores que influenciam essas dificuldades, é evidente que o subconsciente desempenha um papel central, visto que funciona como um banco de dados que armazena crenças e padrões aprendidos ao longo da vida. O que muitos não percebem é que grande parte dessas crenças foi absorvida na infância, quando o cérebro ainda estava em desenvolvimento, sem capacidade de análise crítica. Nessa fase, as mensagens recebidas dos pais, da escola e da sociedade são internalizadas como verdades absolutas. Essas programações continuam moldando comportamentos e decisões na vida adulta. O resultado? Muitas pessoas sentem que não têm controle das próprias escolhas e acabam no papel de vítimas, sem assumir a responsabilidade de promover mudanças.

Depois, influências externas como expectativas familiares, padrões culturais e pressões sociais também agravam essa dinâmica. A cobrança por sucesso rápido e o medo de falhar fazem com que muitos se paralisem, reforçando ainda mais os padrões subconscientes de autossabotagem. Porém, como seria possível resolver se não fomos ensinados a entender como esse mecanismo funciona? Alguns até acham que a força de vontade ou o esforço consciente são suficientes para mudar, mas não compreendem que o subconsciente governa a maior parte das ações. Enquanto essa força invisível estiver operando no piloto automático, a vida será uma repetição dos mesmos erros. A solução não está em tentar consertar o mundo externo, mas em ajustar o que guia suas escolhas: o comando de seu subconsciente.

Então quero que entenda algo a partir de agora: **tudo se inicia na mente!** O primeiro passo para transformar sua vida é transformar o subconsciente. Para fazer isso, você precisa compreender que ele governa grande parte das ações e decisões, então deve quebrar padrões, mudar comportamentos e ressignificar crenças negativas como parte essencial do alinhamento da mente aos objetivos. Quando você assume o controle do que está enraizado no subconsciente, ele deixa de ser um sabotador e se torna um aliado. A melhor parte é: o problema está dentro de você, mas você também é a solução.

Sendo assim, a prática consistente é fundamental. Por meio da neurociência, com metodologias como a Gestão do Subconsciente, você pode fazer com que a mente comece a trabalhar a seu favor. A mente não resiste a um plano bem estruturado: a clareza desenha o caminho, a ambiência fortalece a jornada e a recorrência torna a mudança inevitável. Quem domina esse ciclo domina a própria realidade! A mudança começa agora, quando você escolhe se colocar no comando do que realmente interessa – porque o adulto faz o que tem que ser feito, enquanto o imaturo adia decisões importantes.

Para iniciar essa transformação, é essencial dar os primeiros passos em direção ao domínio do subconsciente. Aqui, apresentarei algumas das ferramentas mais eficazes para você começar a criar mudanças reais e romper padrões limitantes.

PASSO 1: COMPREENDER O SUBCONSCIENTE E A CIÊNCIA DA MUDANÇA

O primeiro passo para transformar sua vida é entender como o subconsciente funciona. Ele guia as escolhas com base em padrões que absorvemos ao longo da vida, mas a boa notícia é que esses padrões podem ser alterados. Graças à neuroplasticidade, o cérebro tem a incrível capacidade de se reorganizar e criar conexões neurais, mesmo na fase adulta.[2] Isso significa que, ao repetir novos pensamentos e comportamentos, você pode substituir padrões antigos e criar mudanças reais e duradouras. O cérebro nunca para de se adaptar, e isso abre caminhos para modificações concretas em todas as áreas da vida.

PASSO 2: REALIZAR UMA ANÁLISE PROFUNDA DO QUE PRECISA SER MUDADO

Antes de mudar, é essencial saber o que precisa ser transformado. Isso envolve uma autoanálise estruturada para identificar áreas da vida que não estão alinhadas com seus objetivos. Então é necessário mapear emoções, comportamentos e crenças. Pergunte-se e anote: "Quais áreas da minha vida me deixam insatisfeito?" ou "Quais pensamentos frequentes limitam minhas ações?". Com essas respostas, ficará mais fácil identificar o que pode estar impedindo quaisquer chances de sucesso.

Depois, outra técnica importante é analisar seus padrões de comportamento: identifique as situações em que você constantemente se sente travado ou acaba tomando decisões que vão contra o que realmente deseja. Por exemplo, perceber que sempre adia tarefas importantes ou evita conversas difíceis. Com isso feito, estaremos prontos para o próximo passo.

---

2 CHAVES, J. M. Neuroplasticidade, memória e aprendizagem: uma relação atemporal. **Revista Psicopedagogia**, São Paulo, v. 40, n. 121, p. 66-75, abr. 2023. Disponível em: https://doi.org/10.51207/2179-4057.20230006. Acesso em: 14 jan. 2025.

PASSO 3: APLICAR FERRAMENTAS PARA TRANSFORMAR O SUBCONSCIENTE

A transformação do subconsciente é o ponto-chave para mudar sua vida, e a Gestão do Subconsciente é a metodologia que torna isso realidade. Fundamentada em estratégias de resultados e na neurociência, ela utiliza estratégias práticas para substituir padrões antigos e limitantes por novos comportamentos que impulsionam suas conquistas.

Entre as técnicas integradas nessa metodologia está o *Imagery*, que utiliza a visualização guiada para criar novos caminhos neurais.[3] Quando você se imagina vivenciando com riqueza de detalhes o objetivo que deseja alcançar, o cérebro ativa áreas relacionadas a motivação e planejamento, ajustando sua percepção e suas ações para tornar isso real. É como redefinir o foco de uma câmera: antes embaçado, agora tudo o que importa está nítido.

Outra estratégia essencial é a escrita estratégica, que envolve anotar e reler metas específicas diariamente. Isso não apenas reforça o compromisso mental, mas também ensina o cérebro a filtrar informações, ajudando você a enxergar oportunidades que antes passavam despercebidas. Esse processo é simples, mas transforma sua mente em uma bússola que aponta constantemente para o que você deseja.

A hipnose é uma das técnicas mais importantes da Gestão do Subconsciente – uma ferramenta poderosa e transformadora que merece atenção especial. Ao contrário do que muitos pensam, não se trata de controle externo ou perda de consciência, e sim de um estado natural e profundamente focado, no qual o subconsciente se torna altamente receptivo a mudanças. É nesse estado que crenças podem ser ressignificadas, novos padrões podem ser instalados e comportamentos podem ser transformados de maneira rápida e eficaz. O mais

---

3 BLANKERT, T.; HAMSTRA, M. R. W. Imagining success: multiple achievement goals and the effectiveness of imagery. **Basic and Applied Social Psychology**, v. 39, n. 1, p. 60-67, 2017. Disponível em: https://doi.org/10.1080/01973533.2016.1 255947. Acesso em: 14 jan. 2025.

impressionante é que, enquanto várias técnicas demandam esforço prolongado, a hipnose permite acessar diretamente a raiz do problema, promovendo transformações em uma velocidade que surpreende até os mais céticos.

A Gestão do Subconsciente, portanto, se destaca pela inovação e pela integração de ferramentas que se complementam, formando um sistema altamente eficaz. Isoladas, essas técnicas geram resultados pontuais, mas é na união estruturada delas que está o verdadeiro poder de transformação. E o melhor? Para que essa metodologia transforme seu subconsciente, tudo depende apenas de você – porque, como você já sabe, tudo se inicia na mente.

Se quer entender mais como essa metodologia pode transformar sua vida, sugiro também que visite meu site, disponível nas informações no início do capítulo, e assim descubra como a ciência pode ser sua aliada na conquista de resultados extraordinários. No entanto, para exemplificar quanto esse método é poderoso, quero relatar uma consultoria que evidenciou o impacto direto do subconsciente na vida pessoal e profissional de uma pessoa.

Um CEO me procurou em um dos momentos mais desafiadores da vida dele. Dois familiares haviam sido diagnosticados com uma doença grave, e essa situação abalou profundamente as emoções e a liderança dele. Ele se afastou das operações da empresa, que rapidamente começou a perder direção. Além disso, mergulhou em um estado de melancolia tão profundo que o risco de depressão era iminente. Era claro que a solução exigiria mais do que esforço consciente. Precisávamos acessar a raiz do problema – o subconsciente – e trabalhar diretamente nos padrões que o estavam paralisando.

Iniciamos o trabalho com um foco claro: criar metas objetivas e alinhadas à nova realidade. Ele precisava de um plano objetivo, com passos específicos, especialmente no curto prazo. Essas metas foram detalhadas e escritas, para que se tornassem instruções claras ao subconsciente. Revisitá-las diariamente foi essencial para reconstruir o foco e recuperar a confiança.

A hipnose foi uma ferramenta crucial nesse processo. Durante as sessões, identificamos crenças profundas de responsabilidade extrema e a sensação de que deveria carregar tudo sozinho. Ressignificar essas crenças desbloqueou uma nova capacidade de lidar com os desafios de maneira mais equilibrada e produtiva.

Incorporamos também a técnica *Imagery*. Ele passou a imaginar, em detalhes, a superação dos obstáculos e os cenários de sucesso que desejava alcançar. Esse exercício não apenas fortaleceu a motivação, como também ativou áreas do cérebro ligadas ao planejamento estratégico, alinhando os pensamentos e as ações aos objetivos dele.

Por fim, ajustamos a ambiência, um aspecto indispensável para a transformação. Mudanças no ambiente de trabalho, na rotina e até nos relacionamentos diários geraram impacto imediato. Ele reorganizou o dia a dia, estabeleceu limites em situações que o desgastavam e adotou práticas que promoveram maior clareza e foco.

O resultado foi transformador. Com o subconsciente reprogramado, ele recuperou o controle das decisões, liderando a empresa para um período de recuperação e crescimento. Mais do que isso, tornou-se uma presença resiliente e otimista para a família, lidando com os desafios de modo proativo e confiante. Foi uma mudança profunda, com ganhos reais em todas as áreas da vida.

Essa experiência é uma prova clara de que a verdadeira transformação começa no subconsciente. É ele que molda as decisões, os comportamentos e, consequentemente, os resultados que alcançamos. O sucesso não é fruto do acaso, mas da maneira como ativamos e programamos o cérebro para agir de modo consciente e estratégico. Isso reforça um ponto essencial: o domínio do subconsciente é o caminho, assim como é a base para transformar decisões e resultados. E é exatamente isto que a Gestão do Subconsciente oferece: a chave para liberar uma capacidade extraordinária.

Colocar esse passo em prática é essencial porque, sem isso, você continuará preso aos mesmos padrões automáticos, repetindo os erros e se distanciando dos resultados que deseja. A neurociência nos mostra que cada pensamento repetido e cada nova ação reforçam circuitos cerebrais que moldam comportamentos e, com o tempo, constroem uma nova realidade.[4] O momento de agir é agora. Não se trata de promessas para amanhã, mas do que você decide fazer hoje.

Seu subconsciente é plástico, adaptável e está pronto para responder às suas escolhas. Quando você o alimenta com hábitos intencionais, nova ambiência e pensamentos claros, as redes neurais mudam e os resultados começam a aparecer. Se você o deixa à deriva, os velhos padrões continuam no controle, mantendo-o no lugar.

A transformação está em suas mãos. A cada passo intencional, você literalmente redesenha os circuitos do cérebro e reprograma sua mente para o sucesso. Não se trata de mudar tudo de uma vez, mas de assumir o controle com consistência e propósito. O subconsciente não é um obstáculo; é a ferramenta mais poderosa que você tem para moldar sua vida. E a chave para essa transformação já está dentro de você.

INFORMAÇÕES EXTRAS

Se você quiser entender mais profundamente como o subconsciente molda suas decisões e seus resultados, visite meu site oficial. Lá você encontrará conteúdos exclusivos para ampliar seu conhecimento e desbloquear todo o seu potencial.

Além disso, quero oferecer a você um presente especial: um treinamento gratuito, chamado *Metas eficazes: o caminho para transformar seu subconsciente e alcançar resultados*. Você aprenderá a criar metas que

---

4   DOIDGE, N. **The Brain That Changes Itself**: Stories of Personal Triumph from the Frontiers of Brain Science. Penguin Life: 2007.
CONSTANDI, M. **Neuroplasticity**. Cambridge: MIT Press, 2016.

realmente funcionam e a reprogramar seu subconsciente para alinhar a mente aos objetivos. Com ferramentas práticas e estratégias eficazes, esse curso é sua chance de começar a aplicar as mudanças que farão a diferença em sua vida. O link para acessar o treinamento está disponível a seguir – não perca essa oportunidade.

www.guinercastilho.com.br/presente

E não para por aí. Para explorar ainda mais ferramentas práticas e aprofundar seus conhecimentos, convido você a conhecer a Engenharia da Mente, uma escola criada para ensinar como dominar o poder do subconsciente e alcançar mudanças reais e sustentáveis. Nela, ciência, prática e inovação se unem para reprogramar padrões mentais e desbloquear um potencial que muitas vezes está adormecido. Você aprenderá a transformar pensamentos em ações estratégicas e suas metas em resultados reais, construindo um caminho claro e objetivo para a vida que sempre desejou.

Esta é a oportunidade de assumir o controle e conquistar mudanças que realmente fazem a diferença. Tudo se inicia na mente. A transformação começa agora – e está ao seu alcance!

A MENTE NÃO RESISTE A UM PLANO BEM ESTRUTURADO: A CLAREZA DESENHA O CAMINHO, A AMBIÊNCIA FORTALECE A JORNADA E A RECORRÊNCIA TORNA A MUDANÇA INEVITÁVEL. QUEM DOMINA ESSE CICLO DOMINA A PRÓPRIA REALIDADE!

3

INVISTA EM SEU CAPITAL CEREBRAL

JULIANA BRUM atua como psiquiatra há catorze anos e acredita que o investimento em capital cerebral é indispensável para alcançarmos uma vida plena. Divide o tempo entre os atendimentos clínicos, o doutorado e os projetos de psicoeducação on-line, de modo a democratizar o conhecimento científico em saúde mental e trazer qualidade de vida ao maior número de pessoas. Natural de Londrina (PR), Juliana preza por momentos de conexão com a família e os amigos, pois sabe que a felicidade está ao lado das pessoas que ama e que a impulsionam a deixar uma marca no mundo.

drajulianabrum
FOTO: ©MMARINHO

É chocante pensar que parte do sofrimento de incontáveis pessoas no mundo é causado por doenças mentais, e esse fator é tratável, apesar de não receber a devida atenção. Talvez você não saiba, mas, atualmente, cerca de 280 milhões de pessoas são acometidas por depressão no planeta.[1] Ela envolve sintomas como tristeza persistente, perda de prazer, dificuldades de concentração e falta de energia, alterações de sono, apetite e libido e isolamento social. São sensações ruins que parecem ser regra na vida de um número cada vez maior de pessoas. É justamente por esse motivo que é importante aprender a cuidar do próprio cérebro e da saúde mental.

Se você nunca sofreu de algum transtorno mental como ansiedade, depressão, esgotamento (burnout) ou dependência de qualquer substância, muito provavelmente testemunhou essa realidade na vida de algum familiar ou amigo. E é muito difícil! Veja o caso de João Pedro: aos 45 anos, o empreendedor conseguiu conciliar uma mente analítica com o timing por demandas digitais e construiu um patrimônio considerável. Os clientes o consideram o grande diferencial da equipe e sempre solicitam a participação dele nos projetos e nas negociações.

Quando conversamos, porém, o que ele me disse foi: "Sinto-me tão cansado que já não me importo se a empresa vai bem ou não... Mesmo nos meses em que os lucros são bem expressivos, parece que não consigo me alegrar com nada. Minha esposa me cobra mais tempo com ela e as

---

1 INSTITUTE OF HEALTH METRICS AND EVALUATION. **Global Health Data Exchange** (GHDx). Disponível em: https://vizhub.healthdata.org/gbd-results/. Acesso em: 11 jan. 2025.

meninas, mas confesso que é um alívio para mim quando elas vão passar alguns dias na casa da praia e eu fico sozinho. Nessas ocasiões, meus pensamentos vão longe, tenho vontade de sumir no mundo, não vejo sentido na vida. Como posso ter tantas coisas boas, como saúde, família, dinheiro, e ainda assim não estar feliz?". Parece incompreensível até certo ponto, mas essa realidade é muito mais comum do que imaginamos.

Isso é tão real que as estatísticas não mentem: vivemos uma epidemia de doença mental que parece engolir, cada vez mais, a humanidade. Quando o cérebro – esse órgão magnífico que nos permite ter consciência de nossa própria existência e superar nossos limites – adoece, todas as nossas experiências são afetadas: a maneira de pensar, de sentir e até mesmo de planejar e sonhar. Enfim, viver pode nunca mais ser do mesmo jeito. Apesar da influência genética, é necessário um fator externo ou ambiental para que os sintomas mentais apareçam. Ou seja, podemos dizer que o estresse psicológico, em inúmeros casos, é um gatilho importante para que o funcionamento cerebral se altere até níveis patológicos.

O sentimento de urgência para que possamos dar conta de todas as demandas que aparecem em nosso dia somado à falsa sensação de que "todos estão ótimos e só eu não consigo resultados rápidos" são um prato cheio para a procrastinação e a dificuldade de tomar decisões acertadas. O fato é que um cérebro estressado e ligado no modo sobrevivência está empenhado apenas em se proteger, e não em fazer movimentos de criatividade, inovação e realização pessoal.

Imersos em demandas diárias, facilmente nos sentimos sobrecarregados, com pensamentos de que não vamos dar conta, de que as coisas vão dar errado, de que estamos andando em círculos. Essa angústia se torna o pano de fundo de nosso estado emocional, ativando áreas cerebrais implicadas em detecção de ameaça e emoções de medo e raiva, como a amígdala cerebral e suas conexões.

Portanto, viver em constante estado de alerta é bastante cansativo e consome muita energia. A circuitaria neural da atenção foca nosso estado emocional interno, em vez de estar voltada para o momento presente, com perda de atenção e dificuldades reais em executar ações importantes para o alcance de nossas metas.

O cérebro, por sua vez, tenta sair desta situação muitas vezes de modo nocivo, com excesso de açúcar, uso abusivo de álcool e outras drogas ou comportamentos potencialmente viciantes como compras impulsivas, sites de apostas e outros conteúdos digitais que roubam não só nosso tempo como também nosso dinheiro e nossa energia. O resultado dessa equação é que o alívio e a distração momentâneos logo vão embora, nos deixando mais angustiados ao ter que lidar com as consequências de más escolhas: tarefas não realizadas, culpa, paralisação e frustração de ver os sonhos cada dia mais distantes de se tornarem realidade.

É um fato que não tivemos aulas de primeiros socorros emocionais na escola e, para a maioria de nós, nem mesmo em nossa educação familiar aprendemos a dar nome ao que sentíamos na infância e na adolescência. Justamente por ser um órgão tão complexo, o cérebro foi pouco entendido por muito tempo, e a neurociência avançou na compreensão do funcionamento cerebral apenas há algumas décadas.

De modo similar, a correta identificação dos transtornos mentais e tratamentos eficazes para eles surgiram tardiamente na Medicina, o que contribuiu muito para o preconceito e a desinformação na área de saúde mental. A psicofobia, que é o preconceito ou a discriminação contra quem tem transtornos ou deficiências mentais, ainda existe e precisa ser combatida, até porque as emoções são fundamentais para a espécie humana e devem ser nossas aliadas, uma vez que entendemos as mensagens que carregam – como bandeiras sinalizadoras que nos mostram o caminho a seguir.

Além disso, a falsa ideia de produtividade a todo custo – que não considera aspectos essenciais de saúde cerebral como hábitos de vida saudável e momentos de lazer e descanso – faz com que as pessoas persistam vivendo de maneira a adoecê-las a médio e longo prazo, drenando a alegria, a motivação e o senso de propósito.

Em resumo, vale comentar: em um mundo cada vez mais sedento por mentes poderosas, aprender a investir em seu cérebro é o diferencial que trará não só resultados de produtividade e motivação sustentados como também bem-estar e qualidade de vida.

Os recursos cerebrais de cognição, emoção e socialização são o novo petróleo em uma realidade que precisa das habilidades mentais únicas para resolver problemas complexos. A neuroplasticidade, que nada mais é do que a capacidade do cérebro de adquirir novos aprendizados e estabelecer novas conexões entre neurônios, nos permite treinar esse órgão humano para desenvolver e aprimorar habilidades.

Assim, desde que você garanta um ambiente saudável para o cérebro e entenda de que modo ele funciona em estado otimizado, você poderá transformar seu potencial em resultados de sucesso. Munido de informações baseadas em ciência e constância na implementação de hábitos e estratégias certas, você alcançará uma melhora em sua performance não só no trabalho, mas também em como experimenta a vida.

Sempre digo: "Ajude seu cérebro a ajudar você". Isso significa entregar aquilo de que ele precisa e receber, como consequência, resultados extraordinários. Então, para que um dia você possa viver o que hoje ainda é um anseio em seu coração, siga os passos a seguir.

PASSO 1

Certifique-se de que seus objetivos profissionais e pessoais, de fato, estão alinhados com seus valores e seu propósito de vida. Se você nunca pensou nisso, agora é o melhor momento para escrever seus valores e sua missão de vida. A motivação para que você persista diante de obstáculos, desafios e erros no meio do caminho será mantida quando seu córtex pré-frontal –, região do cérebro responsável por autocontrole e resiliência –, conseguir ter a supremacia no controle cerebral, o que significa ser constantemente relembrado de seus porquês ao longo do processo.

PASSO 2

Priorize os passos essenciais do processo na execução de seu plano. Segundo o princípio de Pareto, 20% das ações trazem 80% dos resultados. Então seja estratégico ao escolher a ordem de prioridades em seus projetos. Não perca tempo com tarefas que podem ser delegadas ou detalhes que trarão poucos resultados. E trabalhe com prazos específicos, pois assim seu cérebro terá mais facilidade em se organizar.

PASSO 3

Quando se sentir perdido ou desmotivado, utilize a regra dos dois minutos: envolva-se na tarefa programada por pelo menos dois minutos, e provavelmente seu cérebro estará tão engajado na execução da atividade que conseguirá se manter produtivo por mais tempo. Apenas comece.

PASSO 4

Não renuncie a momentos de lazer, pois eles predispõem o modo de funcionamento padrão do cérebro, em que todas as áreas estão simultaneamente ativadas, o que facilita novas conexões neurais e estimula o aparecimento de novas ideias e soluções.

Lembre-se de que o modo relaxado do cérebro favorece a criatividade e a inovação, ao contrário do estresse, que traz à tona o modo de sobrevivência. Então livre-se de distrações digitais, o grande dreno de tempo e atenção dos dias atuais, e invista em aprender coisas novas, mesmo que pareça sem sentido ter um hobby ou treinar uma habilidade totalmente fora de sua zona de conforto. É exatamente essa variação de contextos e estímulos que dará a você a flexibilidade cognitiva para pensar fora da caixa.

PASSO 5

Cuide de seu cérebro em termos de sono, nutrição, hidratação, exercício físico regular e controle de fatores de risco cardiovascular, como pressão arterial, nível de colesterol, açúcar no sangue e uso de nicotina, álcool e outras substâncias. O neurônio é uma célula delicada que precisa de aporte constante de oxigênio e glicose. De maneira inversa, estados pró-inflamatórios aceleram a perda neuronal ao longo da vida e predispõem sintomas mentais. Invista em sua saúde cerebral por meio da implementação de hábitos saudáveis. "Pequenos passos" e "persistência" são as palavras de ordem aqui. Busque ajuda profissional, se for necessário. Foque o processo, e os resultados virão.

PARA SABER MAIS

A seguir, você encontrará a indicação de alguns artigos meus, publicados no LinkedIn, para aprofundar o conhecimento em capital cerebral e continuar o processo de investir e aprimorar as habilidades cerebrais.

1. Como investir em capital cerebral vai trazer resultados para sua vida profissional[2]
2. Como aprimorar as habilidades cerebrais de criatividade e inovação[3]
3. Vivemos em uma economia cerebral: o valor do *brain capital*[4]

Sempre gostei muito de estudar e acho fascinante falar de *capital cerebral* e de como o cuidado e o investimento no cérebro são fundamentais em qualquer contexto da vida. Para mim, a transformação começou quando passei a me questionar qual era minha missão nesta vida; afinal, queria saber quais eram meus pontos fortes e como deveria deixar minha marca neste planeta.

---

2 BRUM, J. Como investir em capital cerebral vai trazer resultados para sua vida profissional. **LinkedIn**, 26 nov. 2024. Disponível em: https://www.linkedin.com/pulse/como-investir-em-capital-cerebral-vai-trazer-para-sua-brum-moraes-2vjdf. Acesso em: 10 dez. 2024.

3 BRUM, J. Como aprimorar as habilidades cerebrais de criatividade e inovação. **LinkedIn**, 26 nov. 2024. Disponível em: https://www.linkedin.com/pulse/como-aprimorar-habilidades-cerebrais-de-criatividade-e-brum-moraes-obp4c. Acesso em: 10 dez. 2024.

4 BRUM, J. Vivemos em uma economia cerebral: o valor do brain capital. **LinkedIn**, 26 nov. 2024. Disponível em: https://www.linkedin.com/pulse/vivemos-em-uma-economia-cerebral-o-valor-do-brain-juliana-brum-moraes-v6wyc. Acesso em: 10 dez. 2024.

Entendi que eu não apenas "gostava de estudar", mas também que meu cérebro tinha habilidades específicas de intelectualidade e curiosidade, e que minha missão era fazer pesquisa e explicar conhecimento científico de maneira que qualquer pessoa pudesse se tornar mais consciente e aplicar mudanças reais na própria vida.

Essa descoberta me permitiu sonhar e me fez entender que meu trabalho vai muito além de tratar sintomas: envolve ajudar pessoas a desenvolverem o próprio potencial e alcançarem resultados maiores, tanto em produtividade quanto em satisfação pessoal e felicidade.

Passei a aplicar todo o meu conhecimento em minha própria vida, e cada passo que eu ousava dar me trazia recompensas que iam desde a melhora em meu nível de energia e o aumento de autoconfiança e segurança para exercer meu trabalho até novas conexões com pessoas que compartilham os mesmos valores e interesses, sempre facilitando o autocuidado e a aceitação.

Foi assim que eu ressignifiquei muitas experiências que vivi, entendendo que elas me trouxeram até este momento. Saí da minha zona de conforto, respeitando minhas emoções, aceitando o medo do desconhecido e entendendo que a vulnerabilidade é irmã da coragem. Sonhar, imaginar, visualizar novas possibilidades é uma habilidade cerebral fantástica. Poder viver os próprios sonhos, para mim, é a definição de uma vida bem vivida.

Então, depois de catorze anos conhecendo pessoas e vendo histórias de transformação em meu trabalho, ainda me impressiono com o poder de um cérebro bem cuidado. O número estimado de conexões entre nossos neurônios (conexões sinápticas) é de aproximadamente 100 trilhões,[5] muito mais do que o número de estrelas da Via Láctea, cuja estimativa fica entre

---

5 HERCULANO-HOUZEL, S. The human brain in numbers: a linearly scaled-up primate brain. **Frontiers in Human Neuroscience**, v. 9, p. 3-31, 2009. Disponível em: https://doi.org/10.3389/neuro.09.031.2009. Acesso em: 10 jan. 2025.

100 bilhões e 400 bilhões de estrelas![6] Você é dono do melhor algoritmo já inventado, que nenhuma inteligência artificial conseguiu copiar. Entretanto, como qualquer equipamento extremamente complexo e poderoso, seu cérebro precisa ser manejado com cuidado.

Para que ele não adoeça e você possa desfrutar de sua vida até o último dia, para que desenvolva seus projetos e chegue mais longe, para que amadureça e aprenda com as emoções, para que tenha conexões reais e profundas com as pessoas importantes de sua vida, para que deixe sua marca no mundo: invista em seu capital cerebral!

O segredo é a constância, e não a velocidade. Invista em uma noite bem dormida e já terá algum resultado de melhora de humor, com menos irritabilidade e mais concentração. Uma única caminhada de quarenta minutos já aumenta a dopamina e as endorfinas, com efeitos imediatos na alegria e no nível de energia. Passe a implementar mais estratégias ao longo do tempo, e logo os benefícios se acumularão como juros compostos. Será um caminho sem volta!

A partir de agora, quero que seu cérebro nunca mais seja o mesmo! De fato, o cérebro muda constantemente, pois todo dia estabelece novas conexões neurais pela neuroplasticidade e também perde conexões não mais utilizadas. E penso que essa corrida atrás de nossos sonhos não é individual, e sim uma corrida de revezamento.

Se eu cheguei até aqui, estou passando a você o bastão. Com ele em mãos, é sua vez de percorrer sua trajetória e alcançar os resultados que deseja. Sei que você também passará o bastão adiante, transformando vidas, transmitindo a outras pessoas o que seu cérebro tem de melhor para oferecer. E exatamente como uma equipe de revezamento, quando você alcançar a linha de chegada, eu também serei participante de sua vitória! Que você tenha muitos sonhos para concretizar e muitas aventuras para viver.

---

6 MARIN, J. Quantas estrelas existem na Via Láctea? Veja curiosidades sobre a galáxia. **CNN**, 10 ago. 2024. Disponível em: https://www.cnnbrasil.com.br/tecnologia/quantas-estrelas-existem-na-via-lactea-veja-curiosidades-sobre-a-galaxia. Acesso em: 10 jan. 2025.

VOCÊ É DONO DO MELHOR ALGORITMO JÁ INVENTADO, QUE NENHUMA INTELIGÊNCIA ARTIFICIAL CONSEGUIU COPIAR. ENTRETANTO, COMO QUALQUER EQUIPAMENTO EXTREMAMENTE COMPLEXO E PODEROSO, SEU CÉREBRO PRECISA SER MANEJADO COM CUIDADO.

4

VOCÊ MERECE SE PRIORIZAR

NATÁLIA
SIMONY

NATÁLIA SIMONY é uma escritora apaixonada pela vida e por histórias que inspiram. Casou-se aos 16 anos com o amor de sua vida, com quem compartilha mais de 25 anos de união. Mãe de três filhos, formou-se em Direito, mas encontrou a verdadeira vocação no empreendedorismo. Hoje é líder do Elite Empresarial, o maior grupo de evolução empresarial do Brasil, com mais de duzentos projetos em andamento pelo país. Romântica e feminista na essência, Natália escreve para mostrar que é possível ser uma mulher bem-sucedida como CEO e, ao mesmo tempo, viver uma vida feliz e realizada ao lado da família.

⬡ nataliasimony
FOTO: ©DOUGLAS SANTOS GHEDINO

Você já parou para pensar sobre como está levando a vida? Tem coragem de parar suas atividades para refletir a respeito do que tem feito até aqui? Permite-se ter ousadia para sonhar e criar metas claras de curto, médio e longo prazo ou apenas segue vivendo em um looping que permanece no lugar-comum? Tem disciplina para planejar e executar o que precisa fazer para chegar aonde gostaria? Tem tempo para fazer esse planejamento?

Somos adultos, e sei que existe acúmulo de responsabilidades, além de escassez de tempo e dúvidas constantes acerca de nossas preferências. Entretanto, refletir sobre essas perguntas é inegociável para quem quer construir próximos passos melhores e mais alinhados ao próprio objetivo. Afinal, se você nunca entender para onde está indo e como tem vivido, jamais saberá como fazer isso. Eu mesma precisei dar essa pausa, e quero contar essa minha história.

Até meus 32 anos, vivi única e exclusivamente os sonhos de outras pessoas sem nem ao menos saber o que eu queria. Por ser muito resolutiva, acreditei que estava no caminho certo. Entretanto, quando não se faz o que realmente se gosta, o caminho certo é o estresse, a impaciência e o desequilíbrio. São sintomas claros que começam a dar sinais. Em retrospectiva, sei o porquê de ter vivido tantos anos no automático: desde cedo precisava fazer o necessário para sobreviver e não me sentia com oportunidade de escolhas, simplesmente aproveitava o que a vida trazia.

Sendo muito verdadeira e transparente, sou fruto de um casamento falido. Meus pais se casaram jovens e tiveram três filhos. Dessa união, sou

Natália Simony **57**

a filha caçula. Porém nasci em um ambiente em que não era desejada, tampouco esperada. Sei que eles entregaram o melhor que podiam, mas era muito pouco considerando minhas necessidades. Por isso vivi na pele muitas consequências disso.

Nesse ambiente, também convivi com muitas brigas e violência doméstica, mas sempre tive muita união e amor com meus irmãos. Quando cheguei aos 7 anos, meus pais já estavam separados, um processo que aconteceu de modo traumático, uma vez que essa nova dinâmica foi algo dificílimo para ambos. Tudo estava fora de ordem. O clima era de insegurança, foi uma fase difícil! Éramos crianças e não sabíamos como lidar com isso.

Tudo estava fora de ordem. O clima era de insegurança, e vivíamos com medo de quem deveria nos proteger. Foi uma fase difícil! Éramos crianças e não sabíamos como lidar com isso.

Algum tempo depois, meu pai se converteu ao cristianismo, e começamos uma nova fase, pois ali tive o privilégio de sentir e experimentar o agir de Deus na minha vida. Além disso, mesmo separados, meus pais buscaram ser amigos.

Lembro-me de que me sentia solitária e com dificuldade para confiar nas pessoas. Isso durou algum tempo, mas aos 14 anos tive uma surpresa muito positiva: conheci meu grande amor, meu primeiro namorado, Marcos Freitas, organizador desta obra coletiva. Depois, aos 16, estava grávida da minha primeira filha, Laís, uma princesinha que me fez ser mãe. Nessa idade também me casei e saí de casa. Era o início de uma nova fase cheia de esperanças! No entanto, como nem tudo são flores, existiram também as dificuldades. Tivemos muitos desafios financeiros, mas sempre encontrávamos juntos uma solução.

Aos 18, comecei a trabalhar e, aos 22, terminei a graduação em Direito. Aos 24, logo depois de ter minha segunda filha, uma menina muito esperada e amada, Isabela, entrei no mundo do empreendedorismo. Entre uma filha e outra, também perdi dois bebês. Após essas perdas, fiquei devastada, pois perder um filho é muito doloroso, mas entendi que não era o momento, então decidi focar minha carreira e iniciar mais uma fase na minha vida: a de empresária.

Assim, montei meu primeiro negócio, com meu marido como sócio-investidor. Era o sonho dele empreender, e senti que deveria ajudá-lo nesse projeto de vida. No início, pensei que pudéssemos abrir algo voltado ao universo feminino, vinculado à moda, mas, por fim, escolhemos um negócio que tivesse menos chances de dar errado. E foi assim que optamos por franquias de alimentação em shopping.

Foram quase dez anos trabalhando nesse mercado, encarando o desafio de ser a primeira franqueada de marcas que hoje são bem grandes. Saldo final: quase oitenta funcionários, cinco operações em três shoppings e muito trabalho.

Hoje vejo que eu quis ter tudo: ser mãe, esposa, empresária e mulher. Mas na época não estava pronta. Quase perdi tudo por esse motivo. Fiquei muito estressada e totalmente focada nas tarefas. Vivia no automático. Não prestava atenção aos detalhes ao meu redor. Minha filha mais velha estava obesa e não tinha um bom rendimento escolar; e minha filha caçula apresentava muitos problemas comportamentais no colégio. No casamento, diversos conflitos. Na vida familiar, não tinha tempo para meus pais, amigos ou para mim. E repare que eu estou em último lugar de propósito, pois sempre tinha o hábito de colocar meus interesses no fim da lista.

Passados alguns anos, as empresas começaram a apresentar problemas. Extremamente impaciente, com problemas em casa e sendo supercentralizadora, tudo começou a afetar o trabalho. Afinal, não acredito que se separa a vida pessoal da vida profissional, visto que somos um indivíduo só. Por isso, quando tudo entrou em crise, as empresas também entraram.

Na época, lembro-me de que a situação ficou tão ruim que coloquei meu marido para fora de casa. Passamos apenas vinte e quatro horas separados, mas esse tempo foi o suficiente para entendermos que nada pode estar acima do que realmente importa: a nossa família.

Como consequência dessa clareza, decidi vender minhas operações e me dedicar à família. Também revi conceitos e prioridades, passando por três meses de organização e reestruturação de uma nova rotina. Não fazia sentido sermos empresários de negócios diferentes. Percebemos que, separados, perdemos força.

Assim, em 2019, comecei a trabalhar na empresa que tínhamos fundado juntos, mas na qual eu não tinha me envolvido até então. Essa virada de chave mudou tudo! Fez com que minha vida fosse diferente, e eu precisei fazer as mesmas perguntas com as quais iniciei este capítulo. Então a primeira reflexão que quero gerar é: para planejar a vida profissional, é preciso entender o que motiva você como ser humano. No meu caso, percebi que minha família me motivava. E você, o que o motiva? Se a ideia é crescer, o planejamento profissional precisar passar pelo pessoal.

Hoje entendo claramente que meu combustível é servir ao próximo. Amo o que eu faço. Consegui, por meio do que entrego, acesso a pessoas que precisam compreender que o ato de trabalho deve nos servir, e não o contrário. Já estive no papel de empresária viciada em trabalho que esquece todos os outros papéis da própria vida. E de que adianta ser bem-sucedida sem ter com quem usufruir? De que adianta ter filhos sem tempo para deixá-los no colégio ou assistir a uma apresentação deles?

Se isso não funcionar, tudo está errado! Principalmente porque, na maioria das vezes, as pessoas que não percebem isso estão vivendo no automático. Não percebem o que está acontecendo. Infelizmente, muitas vivem os sonhos de outros e não se permitem ser protagonistas da própria vida. E você, se permite?

Então espero que, a partir de agora, você comece a refletir para tomar boas decisões antes que seja tarde demais. Antes que não possa mais aproveitar as conquistas com quem você ama. Sei que provavelmente você sente falta de se conectar consigo ou até mesmo com pessoas mais amadas. Sei que não se permite acessar suas emoções e seus sonhos. Sei que sente falta de se autorregular, priorizar-se e colocar os próprios sonhos em primeiro lugar. Mas afirmo: é preciso ter coragem para olhar para dentro de si e admitir as vontades e os desejos para, assim, direcionar a própria vida.

Em outra instância, vejo também que existe uma enorme dificuldade de cumprir metas, desde as mais simples até as mais ousadas. Isso sem contar o medo. Medo de externar os anseios, de fracassar, de decepcionar quem ama. Ou até mesmo de desapegar de antigos hábitos ou de pessoas que não colaboram para esse novo momento de vida. A realidade é que viver na expectativa do "e se" não faz sentido, e o custo emocional dessa equação é uma frustração enorme.

Em camadas ainda mais profundas, as diversas obrigações impostas às pessoas deixam-nas muito estressadas e cansadas, tornando-as extremamente ocupadas e sem espaço para tempo de qualidade ou até momentos de carinho com quem amam. Raras são as pessoas que param e planejam a própria vida.

Assim como comentei, vivi isso na pele: passei anos sem planejar minha vida, realizando grandes projetos, mas que nem sempre eram meus. Sentia-me uma supermulher por *achar* que dava conta do trabalho, do marido, dos filhos, dos pais, da saúde, dos estudos, da parte espiritual, social e muito mais. Hoje vejo que *achar* que dava conta era uma grande mentira. Com a sabedoria adquirida com o passar dos anos, compreendi que não adianta achar algo, uma vez que a vida *mostra* os sinais. Para isso, porém, é preciso estar atento aos detalhes.

Comecei a ter picos de estresse no trabalho, desenvolvendo labirintite emocional. No casamento, não me entendia com meu marido, brigávamos constantemente, rivalizando em ideias e posicionamentos. Por fim, pelo excesso de trabalho, tornei-me hóspede em minha casa.

Isso aconteceu até o fatídico dia em que percebi que as coisas andavam mal. Não tinha mais conexão comigo mesma, tinha mudado.

Havia me tornado uma pessoa impaciente e raivosa. Minha família não me reconhecia mais, e minha presença já não era esperada; eles passaram a se organizar sem mim. Naquele momento, percebi que meu maior sonho desde a infância, que era ter uma família unida, estava em risco. E eu era a responsável por isso. Perceber esse cenário foi uma grande decepção para mim.

Entretanto, se eu tinha me colocado naquela situação, poderia sair. Decidi lutar por tudo que havia conquistado e que realmente importava. Pela primeira vez na vida, decidi fazer um planejamento atrelado ao pessoal. E foi assim que decidi meus objetivos de vida: ter paz e tempo de qualidade com a família, trabalhar servindo às pessoas, estar cada vez mais próxima de Deus, me cuidar e, principalmente, aprender a dizer "não" ao que me distanciava de meus objetivos.

Quando mudamos, a frequência em nosso entorno muda também. Com essa nova rotina de trabalharmos juntos e em harmonia, em que aprendemos a otimizar o tempo, eu e meu marido nos permitimos sonhar em ter o terceiro filho. E foi assim que, em 2022, Deus nos presenteou com nosso caçula, Marquinhos, uma criança maravilhosa que veio completar a família. Ressalto que não há perfeição. O importante é viver em paz consigo e com os seus. É preciso entender que o eterno desejo de fazer o melhor é o que nos move... E viver isso é possível.

Hoje, analisando toda a história que contei, vejo que, na geração em que nasci, nós, mulheres, fomos criadas acreditando que deveríamos ter uma carreira bem-sucedida, que não poderíamos depender financeiramente de maridos ou companheiros. Para isso, crescemos vendo que teríamos que estudar e finalizar o ensino superior, bem como fazer cursos complementares específicos dependendo da área escolhida.

Também nos foi ensinado que existia uma faixa de idade para casar, e essa idade precisaria estar dentro do aceitável; ou seja, não poderia ser nem muito cedo, pois estaria "perdendo a vida", nem muito tarde, depois dos 30 anos, para não "ficar para titia". Também aprendemos a ter o cuidado de sermos mães até os 35 anos, para evitar "o pior". Enfim, é muita pressão. Sem falar do quanto tudo isso gera a cobrança de ser uma superesposa, mãe, profissional, filha, amiga e por aí vai.

Nessa lógica, das vinte e quatro horas do dia, quanto tempo sobra para você? Se não for firme em seguir seu plano de vida – que muitos vão criticar, mas é seu –, você se perde de si e, quando menos esperar, a vida passou.

Sendo assim, quero que pense com carinho sobre algo: o sonho que você quer realizar custa algumas despedidas. Eu tive que perceber isso, e você precisará fazer o mesmo. A seguir, mostrarei alguns dos passos que me ajudaram, voltados para pessoas que não sabem lidar com todos os papéis assumidos, que se perderam de si mesmas e vivem na expectativa dos que estão ao redor. A partir de agora, mostrarei que é possível se encontrar novamente e que sempre é tempo de realizar os próprios sonhos, por meio de autoconhecimento, sabedoria e gentileza consigo.

Quero que você tenha disciplina para planejar e executar as metas estabelecidas. Quero que aceite que nenhum grande sucesso de CNPJ merece o fracasso de um CPF. Quero ajudar você a descobrir seu propósito, assim como encontrei o meu. Além disso tudo, quero mostrar que é possível conciliar alguns papéis enquanto se busca ser feliz e realizado, bem como o fato de que é possível ter um relacionamento bem-sucedido e sentir-se valorizado pelo que faz e apoiado pelas escolhas feitas. Em suma, é possível ter tempo para si. Como? Vejamos o que usei em minha vida e espero que você use na sua.

1. ORAÇÃO E PLANEJAMENTO

Ore diariamente e planeje pela manhã como será seu dia. A oração será seu momento com Deus, o momento em que se conectará em corpo e espírito com algo maior e que motivará você a dar os próximos passos. O planejamento, por sua vez, serve para que você entenda o que é prioridade e o que precisa fazer para correr atrás da vida com que sempre sonhou.

2. CONEXÃO E PROTAGONISMO

Conecte-se novamente com você e seja protagonista de sua vida. Busque entender do que você gosta, quem é e o que faz você feliz. Decida ser quem guia sua vida e assumir as rédeas dos acontecimentos.

3. FELICIDADE

Busque o que realmente traz felicidade em sua vida. Você já parou para pensar nisso? Avalie o que efetivamente gera alegria em sua jornada e corra atrás disso.

4. EXPECTATIVAS E PROBLEMAS

Entenda que a expectativa dos outros sobre você é problema exclusivo deles. Uma vez que está alinhado com seu planejamento, por qual motivo se preocupar tanto com a opinião alheia? Você sabe o que é melhor para si. Foque isso e siga em frente.

5. MOMENTO ATUAL

Lembre-se de que você está exatamente onde se colocou, mas não se esqueça de ser gentil consigo mesmo. Tenha respeito pelo caminho percorrido, planejando sempre os próximos passos. Tenha fé de que tudo dará certo.

6. FALAR "NÃO"

Dizer "não" é necessário, e isso não faz de você uma pessoa ruim. É preciso impor limites, saber aonde você quer chegar e falar "não" para tudo capaz de tirá-lo desse caminho. Sei que pode ser difícil, mas é extremamente necessário.

7. ENFIM, AS DESPEDIDAS

O sonho que você quer realizar custa algumas despedidas. Isso acontece porque não podemos conquistar novas coisas e mudar o que temos se continuarmos investindo nos mesmos lugares, pessoas e atitudes. Por isso, lembre-se de que despedidas fazem parte da vida, e provavelmente você precisará escolher para onde caminhar. Nesse novo caminho, não caberão hábitos antigos.

Sendo assim, quero que comece a internalizar o que eu trouxe neste capítulo. Mas, mais do que isso, quero que nunca desista de você e busque o que o faz feliz. Pare de se comparar e entenda que você é um ser humano único.

A partir do momento em que comecei a colocar esses passos em prática, decidi mudar tudo. Fui trabalhar diretamente com meu marido, entendi o que me trazia felicidade e passei a compartilhar objetivos e sonhos com ele. Foi desse modo também que começamos a realizá-los.

Fui humilde e pedi para ajudar nos pontos necessários da empresa. Então tive a oportunidade de trabalhar em várias áreas, sempre buscando auxiliar as pessoas. Naturalmente ganhei promoções e me vi crescendo. Primeiro, iniciei na área de relacionamento com o cliente; depois, mudei de posição para ser coordenadora comercial, consultora de negócios, gerente do time de consultoria, diretora de produtos e assim seguir até a posição de CEO da empresa. Vale ressaltar, entretanto, que sempre tive uma função clara, com indicadores e metas a serem alcançados. E eles foram atingidos, pois só assim minha promoção era possível.

"Como ela conseguiu dar conta de tudo?", você deve estar se perguntando. Bem, primeiro procurei o autoconhecimento. Queria saber o que eu desejava para minha vida e fazer disso um alvo. Amo trabalhar, estudar, ser mãe e esposa dedicada e cuidar de mim. Sou uma mulher com sonhos e quero realizá-los com minha família ao meu lado.

Natália Simony **65**

Sendo assim, minha agenda é uma só. Então, organizo as prioridades e, na mesma agenda, incluo minhas tarefas profissionais e domésticas, afinal não sou a Mulher-Maravilha. Sou uma mulher moderna, assim como qualquer outra, alguém em busca dos próprios sonhos. Ao fazer isso, eu me permiti sonhar. Quero que você faça o mesmo: se permita sonhar! E compreenda que o sonho que você quer realizar demandará certas renúncias.

Por último, lembre-se de que você não precisa ser bonzinho e agradar a todos. Sua felicidade é uma prioridade. Seu lugar no mundo é importante.

RESSALTO QUE NÃO HÁ PERFEIÇÃO. O IMPORTANTE É VIVER EM PAZ CONSIGO E COM OS SEUS. É PRECISO ENTENDER QUE O ETERNO DESEJO DE FAZER O MELHOR É O QUE NOS MOVE... E VIVER ISSO É POSSÍVEL.

5
REPROGRAMAR E COMEÇAR DE NOVO

TIAGO LOPES

TIAGO LOPES é influenciador, youtuber, mestre de cerimônias, palestrante, turismólogo e mentor. Especialista em inteligência emocional, transformou desafios pessoais em combustível para inspirar e ajudar pessoas e líderes a descobrirem o melhor que têm a oferecer!

⌾ tiaglopes
in tiaglopes
♪ tiaglopes
▶ tiagolopesoficial
FOTO: ACERVO PESSOAL

Você tem o sonho de fazer alguma viagem, mas ainda não o realizou? Sonhos não realizados fazem parte de minhas indignações, e justamente por isso quero propor fazermos uma viagem neste capítulo – com *roteiro*, *embarque*, a *viagem* em si, *destino* e *pós-viagem* –, na qual vou conduzir você a um espaço novo de descoberta. Você topa? Se sim, quero começar apresentando alguns fatos importantes e decisivos sobre essa aventura.

Já vi tanta gente talentosa contando que passa noites sem dormir direito porque fica com a mente toda bagunçada. A mente bagunçada é como um GPS desconfigurado, sempre desviando você do caminho. Eu mesmo era assim: bom no que fazia, mas sempre com medo de não conseguir. Precisava da opinião dos outros para decidir e até sentia que não merecia o sucesso. Era uma luta diária combinada a um mix de emoções, com a sensação de que o ciclo dessa batalha estava em um looping eterno. Sentia-me inseguro e sozinho. Era competente, tinha sonhos a realizar, mas minha vida não virava.

Com tudo isso, acabei perdendo a motivação de viver. Devorava minhas unhas e comia compulsivamente. Era ansiedade nível *hard*. Talvez você nem imagine, mas o Brasil é o primeiro no ranking mundial de ansiosos,[1] que são também pessoas com uma inteligência emocional ainda fraca. Segundo o Fórum Econômico Mundial, inclusive, a

---

1 SALEME, I. Sete em cada 10 pessoas com depressão ou ansiedade são mulheres, aponta pesquisa. **CNN**, 29 mar. 2025. Disponível em: https://www.cnnbrasil.com.br/nacional/sete-em-cada-10-pessoas-com-depressao-ou-ansiedade-sao-mulheres-aponta-pesquisa/. Acesso em: 14 jan. 2025.

inteligência emocional é uma das quinze habilidades que podem levar ao sucesso profissional.[2]

Voltando ao meu processo, quando criança, além de usar meus óculos "fundo de garrafa", sonhei em ser astronauta, cientista e artista. Minha mente, contudo, era um turbilhão de ideias, e conforme cresci também percebi que transformar sonhos em realidade não era tão simples assim. Enfrentei a frustração de correr atrás de sonhos que deram errado. A dor da frustração doía na minha alma. Sentia-me perdido. E, para um perdido, qualquer direção servia.

Já vi tanta gente brilhante presa em trabalhos dos quais não gostam, líderes sobrecarregados emocionalmente. Sempre fico pensando: *Se não estão bem, como vão motivar as equipes?* O resultado é o esperado: apenas 23% dos funcionários no mundo se sentem engajados no trabalho, segundo a Gallup,[3] ou seja, a grande maioria está deixando de usar seu potencial porque está desmotivada.

No meu caso, essa desmotivação intensa me fez parar de sonhar e viver. Fiz isso e nem percebi. O que percebi, por outro lado, foi uma dor que machuca a alma. E doía tanto que era até difícil de explicar; parecia que seria para sempre.

No começo, achei que estava ficando com depressão, mas depois percebi que aquela dor não era só dali; ela tinha aparecido antes, já existia. Quando era criança, a dor já estava lá, porém eu não sabia. Quer dizer, eu até sentia, mas não a notava assim. Como adulto, tinha me conformado com ela, no entanto o problema aconteceu quando a conta chegou no pior momento da minha vida.

---

2 SUTTO, G. As 15 habilidades que estarão em alta no mercado de trabalho até 2025, segundo o Fórum Econômico Mundial. **InfoMoney**, 30 jan. 2021. Disponível em: https://www.infomoney.com.br/carreira/as-15-habilidades-que-estarao-em-alta-no-mercado-de-trabalho-ate-2025-segundo-o-forum-economico-mundial/. Acesso em: 14 jan. 2025.

3 EMPLOYEE Engagement. **Gallup**. Disponível em: https://www.gallup.com/394373/indicator-employee-engagement.aspx. Acesso em: 14 jan. 2025.

Fato confirmado: os transtornos de ansiedade e depressão são as principais causas de incapacidade no mundo, segundo a Organização Mundial da Saúde (OMS).[4] Era o que estava acontecendo comigo! Sofria com ansiedade, era como se nada fosse o suficiente para mim. Sentia que era rejeitado, que estava sozinho e que não merecia nada do que eu tinha. Era como se fosse o culpado por ter feito algo. Mas culpa do quê? Não existia. Isso sem contar a necessidade constante de alguém para confirmar que algo que eu tinha feito havia ficado bom, o que prejudicava minha vida.

A verdade nua e crua é que a falta de inteligência emocional alimentava esse vazio dentro de mim. E eu ainda estava longe de entender isso, até porque a insegurança me impedia de fazer muitas coisas, como valorizar meu trabalho e meus sentimentos para olhar e cuidar deles. Embora soubesse que precisava me sentir uma pessoa confiante para me reerguer, na infância essa tal de inteligência emocional não existia, o que fez com que eu não soubesse, desde cedo, como gerenciar as emoções e expressar sentimentos.

Os dias pareciam ser mais longos com a ansiedade e a insegurança que eu sentia. Eram como um labirinto sem saída. E os sonhos? Ficavam fora desse labirinto. Segui com dúvida profunda no trabalho, na vida pessoal e até sobre meu próprio valor; a sensação constante era de não me encaixar em nada. Parecia que eu não sabia fazer as coisas direito de verdade. Uma pequena decisão virava um problemão. Na verdade, reforçava crenças que não queria reforçar, alimentava-as sem nem entender o porquê. E o custo de não resolver esse problema tem valor de diamante e destrói nossos preciosos sonhos.

Minha autoestima foi, portanto, ladeira abaixo. Era uma sensação de vida parada com os sonhos de lado. Muitos relacionamentos que

---

4   MINISTÉRIO DA SAÚDE. **OMS divulga Informe Mundial de Saúde Mental: transformar a saúde mental para todos.** Disponível em: https://bvsms.saúde.gov.br/oms-divulga-informe-mundial-de-saude-mental-transformar-a-saude-mental-para-todos/. Acesso em: 14 jan. 2025.

poderiam surgir nem sequer existiam. Será que minha mente ia ficar bagunçada daquele jeito para sempre? Eu carregava um peso emocional que me segurava e dificultava minha vida.

Desde criança e mesmo após me tornar adulto, lembro-me de me esforçar ao máximo para agradar as pessoas, como se tivesse a obrigação de agradar todo mundo. Não queria decepcionar minha família, nem a mim mesmo, nem ninguém. Tinha medo de que as pessoas não gostassem de mim. Olhando para trás, percebo que não fui ensinado a lidar com esses sentimentos de cobrança e medo. Meu pai achava normal essa ansiedade, como se fosse combustível para o sucesso, quando, na verdade, me paralisava e me afundava na vida.

Meu pai não aprendeu isso, tampouco os meus avós ou alguém do meu passado familiar. Se até hoje não se ensina isso na escola, ninguém tem culpa. Passei muitas décadas sem saber da importância de cuidar do meu psicológico, sem analisar minhas crenças e saber quais eram impostas pela sociedade e quais eu realmente queria seguir. Se pudesse voltar no tempo, diria para o jovem Tiaguinho: "Você não precisa carregar essa culpa. Tudo que você sente é reflexo de padrões que ensinaram a você desde criança, mas saiba que pode aprender a se libertar disso para sempre".

É exatamente isto que quero ajudar você a fazer: enxergar que não há nada de errado com você, só faltam as ferramentas certas – e é isso que abordaremos. Quem planeja bem o roteiro aproveita mais a paisagem da viagem.

Quando entende que a mente é sua melhor amiga, e não inimiga, você descobre como transformar os medos em estratégia para realizar os sonhos. A ansiedade e a insegurança eram barreiras invisíveis que me afastavam de meus maiores desejos. Para superar isso, portanto, o primeiro passo foi organizar a mente bagunçada. Depois, fui vasculhar o baú de crenças que alimentavam pensamentos sabotadores. Aqui, vamos olhar para essas crenças com novos óculos, vamos ressignificá-las, criando uma conexão mais clara com quem você é e com o que deseja conquistar.

A seguir, você verá um método cujo objetivo é ajudar você a enxergar a ansiedade e o medo com outros olhos, ou melhor, com outros óculos, transformando-os em uma turbina emocional para o sucesso. Nesse processo, você aprenderá a fortalecer sua confiança, superar bloqueios emocionais e se comprometer de verdade com seus sonhos. Costumo falar que é possível descobrir e transformar esse peso emocional em algo sem dor. Viver no sofrimento é questão de escolha. Eu consegui vencer; e, se eu consegui, você também consegue. A vida é igual a uma montanha-russa: no fim, todo mundo chega.

Estou aqui de mão estendida para ajudar você a quebrar esse ciclo, mostrando que é possível transformar insegurança em confiança, e ansiedade em um propósito positivo. É uma transformação que renovará sua coragem de sonhar enorme e de seguir seu propósito, porque os sonhos não podem mais esperar.

Embarcaremos em uma viagem para reorganizar sua mente, aumentar a confiança e transformar os sonhos em metas reais. Em cinco passos práticos, você aprenderá a estruturar sua vida com mais sentido e já sentir o resultado. Uma viagem interna é tão importante quanto uma externa. Então, bora pegar a sua bagagem mental e partir!

1. ROTEIRO

Toda viagem precisa de um roteiro. Para isso, pegue uma folha e escreva dez valores importantes para você. Anote o que vier à mente, como honestidade, integridade, respeito, confiabilidade, segurança ou coragem. Use a imaginação! Esses valores são seu ponto de partida, seu roteiro inicial.

2. EMBARQUE

Agora, no embarque, organize esses dez valores em ordem de importância, do mais relevante (1) até o menos relevante (10). Isso vai ser sua bússola para qualquer decisão na vida. Quando surgir dúvida, pergunte a si mesmo: "Isso está alinhado aos meus valores mais importantes?", "Qual grau de importância isso tem para mim?". É um exercício simples, mas traz mais clareza e tranquilidade para a vida.

3. VIAGEM

Com o roteiro pronto, é hora de ajustar a bagagem: suas crenças. Mala pesada demais cansa a viagem. Liste apenas três crenças que gostaria de ajustar. Caso não saiba, crença é aquilo em que você acredita; enquanto algumas ajudam, outras só pesam. Por exemplo: "Preciso agradar todo mundo". Pense comigo: será que acreditar nisso está alinhado aos seus valores de hoje? Se não for possível ir pela estrada principal, pegue um atalho. Talvez possa ajustar para "Agradar a mim mesmo é o mais importante". Ajustar crenças deixará você mais leve para sempre.

4. DESTINO

Chegamos à parte transformadora, ao destino. Às vezes, o destino é só uma desculpa para se redescobrir. Aqui você desafiará crenças profundas. Lembre-se de um momento recente em que você se sentiu ansioso ou inseguro. Qual destas crenças apareceu?

1. "Eu não sou capaz."

2. "As pessoas não gostam de mim."

3. "Sempre me deixam quando preciso de apoio."

Agora, questione tal crença e todas que você gostaria de ajustar: "Isso é uma verdade absoluta de todos ou só uma percepção pessoal?"; "Qual prova tenho contra essa crença?"; "Se um amigo estivesse em meu lugar, o que eu falaria para ele?". Fazer essas perguntas é um jeito poderoso de mudar sua percepção. Se você se perder, aproveite para explorar. Para fazer uma boa viagem, você deve entender que cada um tem uma bagagem.

5. PÓS-VIAGEM

Agora que você desafiou suas crenças e voltou de viagem, vamos criar novas verdades, afinal o sol sempre surge de novo depois da tempestade.

1. "Eu posso melhorar minhas habilidades com a prática."

2. "Nem todo mundo precisa gostar de mim, e está tudo bem."

3. "Eu sempre encontro uma solução por mim mesmo."

Repita as novas frases durante vinte e um dias, quando estiver no banho (por exemplo), até elas virarem seu novo jeito de pensar. Esses cinco passos são como uma viagem de transformação. Quando você redefine os valores, ajusta as crenças e desafia pensamentos que limitam, tudo muda. Foi assim que eu transformei a minha vida, e sei que você conseguirá fazer o mesmo. Seu mundo muda quando você muda. E, com esses óculos, seus sonhos estão esperando por você!

Lembro-me exatamente do momento em que minha ficha caiu: o mais turbulento de todos. Meu mundo estava desabando. Eu não sonhava mais. Vivia um mix de emoções, e minha mente parecia um furacão destruidor, cheia de dúvidas, medos e aquela sensação constante de achar que não ia conseguir. Tinha um sonho enorme, só estava perdido, sem saber por onde recomeçar pela milésima vez. Minha vida deu *pause*, mas tudo voava. Persisti. Foi então que decidi aplicar algo simples: listei os dez valores mais importantes na minha vida e depois os enumerei pelo critério de importância. Isso trouxe clareza do que era mais importante para mim.

No início parecia difícil, mas, quando organizei em ordem de importância, percebi que minhas decisões começaram a ficar alinhadas com o que eu realmente valorizava. Antes eu decidia com base em crenças instaladas, e não em meus valores. Depois, olhei para essas crenças e questionei: isso é verdade mesmo? E não era, era algo em que eu acreditava sem nem saber o porquê. Então fui ajustando as crenças com o tempo e tudo foi se modificando, até meus arredores se transformaram.

Assim, com valores claros e crenças ressignificadas, minha vida mudou. Hoje, minha ansiedade é uma aliada, e durmo tranquilamente, só fecho os olhos e apago. Meu trabalho, que também estava difícil, mudou. Meu jeito de pensar foi se ajustando e se alinhando cada vez mais, o que enfraqueceu o poder que eu dava para minha ansiedade e insegurança. Mudei como eu me relacionava com as pessoas, comigo mesmo e com meu trabalho. Senti que estava no controle de minha jornada porque tudo estava alinhado comigo. Essa experiência transformou minha vida e virou parte do método que uso para ajudar pessoas e líderes.

Pessoas confiantes e felizes têm melhores resultados não só no trabalho, mas também na vida. Imagine você no trabalho quando as decisões pesam e os prazos apertam. Agora, com seus valores organizados e suas crenças ressignificadas, fica mais fácil viver e trabalhar mais tranquilo, focado, seguro e consciente do que é importante para você? Às vezes, o melhor da viagem é a jornada, e não o destino.

Se eu puder, portanto, oferecer um conselho, seria este: dúvidas somem quando as escolhas refletem seus valores. Suas vivências se tornam experiências alinhadas ao que é importante para você. Isso transforma os dias corridos e os momentos de descanso também, o que lhe possibilita aproveitar a vida com mais sentido e leveza.

Nada muda se você não começar a mudança; mas, se você leu até aqui, já começou. Parabéns, você se reprogramou e amplificou sua mente. Pegue esse plano tático e siga, sem buscar a perfeição, mas com sua vontade. É com pequenas ações frequentes que grandes transformações acontecem. E não se trata de fazer tudo certo, e sim de acreditar no próximo passo.

Você merece acreditar, então siga, não pare aqui. Este não é simplesmente mais um método, é uma nova maneira de enxergar a própria capacidade de crescer e conquistar um mundo de modo mais positivo. É uma transformação feita de grão em grão. Você é quem pilota sua história. A bússola de sua vida está dentro de você.

Saber o que é importante de verdade aproxima você de seus verdadeiros sonhos. Então imagine aonde quer chegar se seguir em frente. Sua vida pode ser cada dia mais incrível, basta continuar caminhando enquanto confia em você e no que está fazendo.

Esta é sua partida, não a chegada. Recomece sempre que precisar. É como eu falo há oito anos no meu canal no YouTube: vamos começar tudo de novo. Sempre temos a oportunidade de apertar o *play* mais uma vez, de fazer novamente, só que de um modo diferente. Foque o que de fato é bom para você e transforme seus sonhos em realidade. Agora siga a viagem neste livro e arrase!

PRÓXIMO DESTINO

Quero deixar uma dica de próxima viagem: li um livro que amei mais do que pão de queijo com vinagrete. O nome é *Usando sua mente*, de Richard Bandler.[5] Lendo ele, você entenderá em mais detalhes como liberar seu potencial. São muitas técnicas práticas para reprogramar padrões mentais que limitam as escolhas, ajudando a superar a ansiedade e tomar decisões que estão no caminho de seus sonhos.

Entender que a mente não trabalha contra você é libertador. O que pode parecer autossabotagem é só um padrão ajustável. Tudo em que acreditamos pode ser reconfigurado para crescer na vida. Uma mente leve é como um céu limpo na estrada.

Sendo assim, veja essa leitura como uma extensão deste capítulo, que foi escrito com muito amor para quem deseja mudar pensamentos, buscar sonhos e transformá-los em realidade.

---

5 BANDLER, R. **Usando sua mente**: as coisas que você não sabe que não sabe. São Paulo: Summus, 1988.

Entenda seus padrões mentais. Imagine seus sonhos com detalhes. Persiga os sonhos e as metas, como um paparazzi que segue uma celebridade, até se realizarem. Não deu certo? Comece tudo de novo de uma maneira diferente. Vai dar certo!

VOCÊ É QUEM PILOTA SUA HISTÓRIA. A BÚSSOLA DE SUA VIDA ESTÁ DENTRO DE VOCÊ. SABER O QUE É IMPORTANTE DE VERDADE APROXIMA VOCÊ DE SEUS VERDADEIROS SONHOS.

6

A LIDERANÇA QUE HABITA EM VOCÊ CONVIDA AO AUTOCONHECIMENTO E À ESTRATÉGIA

MEL MOURA MORENO é leonina de sorriso largo e sempre enxerga o copo meio cheio, as soluções, o sol atrás das nuvens, o colorido da vida. Há mais de trinta anos, atua no mercado de desenvolvimento humano, autoconhecimento e liderança como advisor de negócios. É psicóloga, pedagoga, neurocientista, coach executiva, mentora de liderança, treinadora, reprogramadora neural, consteladora sistêmica, estrategista de negócios e palestrante. Auxilia empresários, gestores e líderes no uso inteligente, saudável e estratégico de competências e habilidades para que atinjam os objetivos e o topo da montanha. O slogan de vida dela é: "Ousar. Vencer barreiras. Ir além".

🅞 melmouramoreno
🔗 melmouramoreno
🌐 www.melmouramoreno.com
FOTO: ©KAIQUE TALLES CAMARGO

Proponho que iniciemos, agora, a escalada de sua montanha. E nessa jornada, vou chamar você de *líder*.

Líder, você sabia que o maior desafio que enfrentamos não está fora, mas dentro da gente? É também por esse motivo que muitas vezes você se depara com a dificuldade de reconhecer a própria capacidade, de ousar e liderar com autenticidade, assim como de enfrentar as barreiras emocionais e criar estratégias com a implantação eficaz que transforma seus sonhos em realidade.

Eu sei, você pode estar sentindo uma dor profunda e solitária, porque, mesmo se esforçando, não está evoluindo como gostaria, mas creia: você não está só. Saiba que esse aprisionamento em padrões comportamentais e crenças limitadoras do potencial de sucesso, prosperidade e liderança a própria vida e dos negócios pode ser resolvido. Nesse aprisionamento, essas dores causam uma sobrecarga física, emocional e mental, afetando a alta performance e criando um efeito cascata da vida pessoal à empreendedora e profissional. Quando juntos, são fatores que podem minar a saúde emocional, prejudicar relacionamentos e impactar negativamente a maestria profissional.

Sabe como sei disso tudo? Trabalho, há mais de trinta anos, com desenvolvimento humano, autoconhecimento e líderes de alta performance, e mesmo após tanto tempo ainda percebo, analisando o mercado e as demandas que meus mentorados trazem, que líderes se sentem *órfãos*, sentem falta de conhecimento sobre estratégias para desenvolver jornadas e encontrar o verdadeiro propósito.

Muitos têm receio de expor as próprias limitações e vulnerabilidades, até porque o julgamento pode ser pesado. Mas eu afirmo, sem medo algum de errar: você está no lugar certo e no capítulo perfeito para iniciar sua virada de chave mental. Estou aqui, e creia em mim quando digo que todas as suas limitações e vulnerabilidades escondem competências, habilidades e forças transformadoras adormecidas, esquecidas em seus arquivos mentais. O caminho é despertar isso, passar a conhecer a si mesmo, curar-se e potencializar-se, além de colocar o que você tem de melhor a serviço da realização de seus sonhos, por meio de estratégias preciosas que, quando bem aplicadas, transformam sonhos em projetos... e projetos em realidade.

Antes de avançar em mais detalhes de como será possível fazer isso, quero trazer um sinal de alerta: tenha atenção ao seu sistema emocional, porque ele dá sinais muito claros do que está acontecendo. Se você sente ansiedade, por exemplo, talvez seja possível notar a associação desse sentimento com a culpa por não ser "bom o suficiente". É possível que esteja conectado ao medo de falhar. Em termos mais simples, é como estar em um labirinto sem saída, revivendo os mesmos ciclos de perdas e fracassos.

E não adianta entrar no clima da síndrome de Gabriela,[1] pois isso não cabe na vida de um líder. Pelo contrário, essa possível sensação de que tudo permanecerá assim é uma demonstração de estagnação emocional que pode levar ao esgotamento com um custo prático a ser pago: perda de oportunidades para a evolução pessoal, profissional e financeira.

Líder, você podia estar pensando, sentindo e agindo assim. Sim, fomos ensinados a tocar instrumentos, praticar esportes, falar idiomas e tantas outras tarefas complexas. Contudo, não fomos ensinados a

---

1 Síndrome de Gabriela é uma expressão que faz referência à música de Dorival Caymmi, interpretada por Gal Costa, chamada "Modinha para Gabriela", em cuja letra é dito: "Eu nasci assim, eu cresci assim, e sou mesmo assim, vou ser sempre assim. Gabriela, sempre Gabriela". (N. E.)

valorizar o autoconhecimento, porque nossos familiares não sabiam disso. E está tudo bem, é compreensível. Cabe a você, agora, mudar o rumo de sua história, porque não faz sentido perpetuar o ensinamento de se tratar de maneira agressiva, autoflagelante e diminuída. Então pare com isso agora mesmo! Vejo que existem duas opções: continuar no sofrimento ou decidir ressignificar essas sensações e usá-las como combustível para uma liderança empática poderosa. E aí, qual você escolhe?

Assim como nossos pais, infelizmente crescemos com crenças limitadoras semeadas na infância. Eles fizeram o melhor que podiam por nós, repetindo a educação e os valores herdados de nossos avós. Então, gratidão a eles. No entanto, precisamos enxergar que crescemos com crenças de que não precisamos de ajuda, de que conseguimos resolver tudo sozinhos, de que podemos ficar sentados esperando milagres. Graças a essa educação sistêmica familiar, aprendemos a sofrer, a nos acomodar na desconfortável posição do "não consigo, não posso, não mereço". Lembre-se, porém, de que *todo ser humano nasce líder*. Precisaríamos ter desenvolvido nossas competências e habilidades desde a infância, mas, como isso não aconteceu, o processo de autoconhecimento é fundamental para curar as dores emocionais, potencializar e aprender o uso de ferramentas práticas para superar as barreiras e começar a escalada de sua montanha.

Líder, há algo importante e que precisa permear sua vida: o autoconhecimento é um caminho ascendente e sem volta. Você não consegue desver seu poder de ser. E é nesse momento que pode se perguntar: "Se é tão bom se autoconhecer, por que nem todo mundo faz processos, mentoria, psicoterapia, coaching?". Uma resposta simples: todo mundo é ninguém, porque, todas as vezes que generalizamos, não atingimos nada.

Além disso, sim, as maiores lideranças empresariais fazem processos de autoconhecimento e de potencialização de competências e habilidades recorrentemente. Mas o foco agora é você – a pessoa principal, imprescindível e indispensável na construção de sua história de sucesso. Eu sempre digo para meus mentorados que quanto mais nos conhecemos, mais nos curamos, mais potencializamos as competências e as habilidades. Mudando internamente, portanto, conseguimos transformar o mundo externo por meio de comportamentos e atitudes positivas, produtivas e proativas.

E os sonhos? Com o autoconhecimento, vão se tornando projetos que envolvem metas (um passo a passo) para completar a jornada. Perceba que, nesse processo de autoaprendizado, existe a criação de novas sinapses neurais, também chamadas de trilhas, que, graças à neuroplasticidade, são possíveis.

Então tenho boas-novas: líder, suas dores começam a tremer agora! Todo o seu sistema interno de aprisionamento, perdas e temores começa a sinalizar *perigo*, porém, para encontrar o caminho para se libertar dele, é bom tremer. Assim você começa a encontrar o caminho para gerar ativação como oportunidade para chegar ao *topo* da montanha que você merece e pode conquistar. A hora é agora. Estou com você.

I. AUTOCONHECIMENTO COM INTELIGÊNCIA

AUTOCONHECIMENTO COM INTELIGÊNCIA EMOCIONAL

Entenda que você pode agir ou reagir diante das diversas situações. Você *age* quando tem atitudes ponderadas e com equilíbrio entre o cérebro emocional e racional. E *reage* sempre que usa seu cérebro reptiliano, porque ele funciona apenas para sobrevivência e/ou ataque.

Prática estratégica

Diante das situações que promovem em você uma emoção gigante de raiva, nojo ou ansiedade, permita-se fazer uma pausa. Respire profundamente e pense de que maneira você pode fazer diferente, agindo com inteligência emocional.

AUTOCONHECIMENTO COM INTELIGÊNCIA RELACIONAL

Sempre estamos nos relacionando com o mundo; portanto, com pessoas, desde os vínculos familiares até os relacionamentos profissionais. Então é muito importante que você valorize o que pensa e sente, até mesmo para entender e saber como filtrar a comunicação externa, que nem sempre é positiva e muitas vezes guarda alto teor de violência, abusos e imposições de crenças que limitam seu desenvolvimento.

Cito alguns exemplos:

1. Você quer mudar de carreira e empreender: "Nossa! O que seus pais dirão? Você investiu tanto na faculdade e agora vai virar MEI?".

2. Você está em uma relação tóxica: "Calma! Valorize o que você conquistou com essa pessoa. O que vale mais é o que vocês construíram juntos. Pare de arrumar motivos para terminar".

3. Você quer escalar sua profissão: "Para quê? Você está bem, ganhando bastante e viajando. Contente-se com isso. Afinal, é muito mais do que todos na família conseguimos".

Prática estratégica

Aprenda a fazer a escuta ativa de tudo que lhe dizem e a filtrar os conteúdos. Tudo o que nos falam é uma leitura do outro a partir das crenças e dos valores, traumas e sofrimentos. Então, antes de qualquer coisa, faça a si mesmo estas três perguntas:

1. "Essa conversa me ajuda a crescer?"
2. "Esse posicionamento agrega valor à minha vida?"
3. "Essa atitude diante do que fiz/falei celebra minha vitória?"

Se a resposta for "sim" duas ou três vezes, reflita sobre a informação recebida, pondere e fortaleça-se com ela em posicionamento de gratidão. Se a resposta for "não" duas ou três vezes, reflita sobre a informação recebida, pondere e aprenda a filtrar o que fala e escuta dessa pessoa.

II. REPROGRAMAÇÃO NEURAL

Identifique uma crença limitadora recorrente em sua vida. Fique com atenção focada, porque ela sempre aparece mediante um fato recorrente. Para percebê-la, pare um pouco e lembre-se de situações de sua vida, assim como quando estava prestes a comprar um bem (carro, imóvel ou viagem) e acabou gastando todo o dinheiro, inviabilizando essa compra.

Uma mentorada, por exemplo, vinha tentando mudar de carreira há oito anos e não conseguia, porque sempre acontecia alguma coisa que inviabilizava isso: doença de parente, aumento de salário, projeto de gravidez. Com esse processo, ela percebeu que, na verdade, não queria mudar de carreira e foi camuflando essa verdade, justificando que precisava estar presente no processo de recuperação da parente, que o aumento de salário era tão bom que queria fazer uma reforma na casa e viajar pela Europa, que a segurança do emprego era vital para o investimento em processos de inseminação artificial sem sucesso.

Outro mentorado acreditava que o máximo que poderia conseguir de salário eram 10 mil reais. Sempre que chegava ao teto que se impôs, era demitido da empresa, e isso aconteceu várias vezes.

Então como resolver esses fatos limitadores? É um processo profundo de reprogramação neural aliado ao autoconhecimento parte da metodologia Lidere, cujos resultados são mensuráveis e perceptíveis em algumas semanas. Algo que limitou, travou, bloqueou o fluxo do sucesso, da realização pessoal, da prosperidade durante uma vida inteira pode ser resolvido em alguns encontros. Com isso, é possível tornar-se uma fábrica de crenças fortalecedoras.

Prática estratégica 1

Pegue uma folha de papel e nela desenhe três colunas. Na coluna da esquerda, escreva fatos ruins. Na central, o que estava prestes a fazer ou o que estava prestes a acontecer quando o fato ruim se deu. Na da direita, o modo como você reagiu.

Prática estratégica 2

Em outra folha escreva a seguinte frase: "Eu sou [seu nome inteiro], protagonista da minha vida, e escolho o que quero viver". Abaixo, escreva o que você escolhe viver, depois visualize-se vivendo isso. Como se sente? Qual é o perfume? Quem está ao seu lado? Como você está? Use apenas palavras e frases afirmativas, declarativas.

Líder, eu sei como é difícil se libertar de crenças limitadoras, da síndrome do impostor. Vou compartilhar um momento em que a metodologia Lidere, quando ainda era um protótipo, me salvou e tornou-se meu foco de pesquisa contínua.

Pense em uma menina de 19 anos finalizando três faculdades (Psicologia, Letras e Pedagogia) e já aprovada para fazer o mestrado em Neurociência Cognitiva nos Estados Unidos. Eram os anos 1980, e fui morar fora, longe dos pais por dois anos. A idade estava presente em meu rosto, e tive que me impor perante os colegas que já tinham quase 30 anos.

Fiquei um ano na China fazendo Medicina Chinesa. Em seguida, outros dois anos nos Estados Unidos cursando doutorado. No retorno ao Brasil, com 24 anos, decidi dividir minha carreira entre a vida acadêmica e a clínica. Porém lá estavam as crenças familiares: "Você é maluquinha!"; "Ninguém pode te levar a sério!"; "Você? Dirigindo carro? Nem pensar!". Na vida acadêmica, imagine os olhares dos alunos do doutorado ao entrarem na sala e encontrarem uma jovem de 24 anos. Na vida clínica, comecei os atendimentos, e muitos clientes duvidavam de minha capacidade de entender as dores "adultas" deles.

Nesses e em outros momentos, a metodologia Lidere foi se construindo. Hoje, com trinta anos de existência e resultados positivos em todos os casos em que os mentorados assumiram a responsabilidade de fazer o 1% que lhes competia – elemento imprescindível para o sucesso –, posso garantir a eficácia do método.

Neste momento de minha jornada, crio produtos e serviços únicos, personalizados, exclusivos e incopiáveis. Muitos estão no formato de palestra, treinamentos imersivos de alto impacto, mentorias e consultorias. E essa metodologia auxilia empresários, gestores e líderes, como você, a escalarem as próprias montanhas com felicidade, prosperidade, abundância e liderança empática, semeando legados positivos e proativos em toda a jornada.

Se ainda sobraram dúvidas de sua capacidade de ter sucesso, ter prosperidade e ser feliz, pare agora mesmo e leia com bastante atenção o seguinte: "Eu acredito em você, então acredite também em mim". Com essa troca de confiança, vejo que você precisa tomar uma *atitude* imediatamente. Precisa acionar o processo. Portanto, *ativar*! E o que é *ativar*? É decidir assumir a autorresponsabilidade pela própria vida. É decidir conhecer e reconhecer todo o seu potencial de abundância e sucesso e, assim, iniciar um processo de mudança interna que se expandirá para o mundo externo construindo novas conexões saudáveis de liderança, prosperidade, felicidade e oportunidades.

Ah, sei que muitas pessoas pensam assim: *Farei quando chegar segunda-feira. Começarei depois do carnaval. Do ano que vem não passa.*

Primeiro quero isso, para depois investir nisso. Mas isso não funciona. Pare de se diminuir na lista de prioridades! Nada é mais importante do que você para sua história existir. Eu garanto, líder, que quando você se colocar em primeiro lugar e se conhecer profundamente, perceberá uma melhoria quantitativa em todos os setores de sua vida.

Ao não investir na mudança, não apenas menosprezará o autoconhecimento; você desprezará, invalidará, negará, diminuirá e violentará a pessoa lendo estas palavras: você.

Líder, sua escalada para os resultados extraordinários – que você merece – inicia-se dentro de você. Que as outras pessoas tenham uma visão deturpada, equivocada, mentirosa sobre você é compreensível. Afinal, como disse o poeta Leoni na canção "Os outros": "Depois de você, os outros são os outros e só".[2]

Você precisa se colocar em primeiro lugar. É seu direito por mérito fazer isso, colocar-se na posição número um. Sim, ocupe o primeiro lugar em sua história. Ocupe o centro do palco e... comece. Nem você, nem eu, nem ninguém é perfeito. Somos pessoas em evolução. Então comece. Dê o primeiro passo para que os outros sejam dados, pois assim você se comprometerá a fazer a jornada acontecer.

Permita-se crescer, ousar, vencer barreiras. Permita-se ir além. O futuro sonhado é possível e está esperando por você. Este livro será seu GPS nessa escalada, e eu serei sua parceira de jornada até o topo de sua montanha. Lidere: juntos até o topo.

PARA APROFUNDAR AINDA MAIS

Líder, o que leu aqui é apenas o início de sua escalada. Convido você a entrar em ação e estreitar nosso relacionamento com a leitura do meu artigo chamado "O DNA da liderança e o poder de transformar sonhos em realidade". Nele, aprofundo os temas de mentalidade evolutiva,

---

2 OS OUTROS. Intérprete: Leoni. *In*: AO VIVO. Rio de Janeiro: Som Livre, 2005. Faixa 13.

neurociência aplicada à liderança e desenvolvimento de estratégias práticas para transformar o que você sonha em conquistas reais.

Acesse o artigo e descubra como dar o próximo passo para liderar com propósito, superar barreiras e construir resultados exponenciais em sua vida e nos negócios. Você encontrará insights valiosos e dicas práticas que complementam este capítulo.

www.melmouramoreno.com

Nosso relacionamento não acaba aqui – a menos que você queira. Sabe por quê? Porque eu espero você do outro lado do rio, para escalarmos juntos sua montanha até o topo.

LÍDER, HÁ ALGO
IMPORTANTE E QUE PRECISA
PERMEAR SUA VIDA:
O AUTOCONHECIMENTO É
UM CAMINHO ASCENDENTE
E SEM VOLTA. VOCÊ NÃO
CONSEGUE DESVER SEU
PODER DE SER.

7

MENOS MEDO E MAIS REALIZAÇÃO DE SONHOS

LUIS CARLOS MURARI JR. é médico, escritor e psiquiatra. Nascido em 1990 na pequena cidade de Pederneiras, no centro-oeste paulista, é filho do metalúrgico Carlos e da técnica em saúde bucal Ida. Tem dois irmãos mais novos, o engenheiro mecânico Felipe e a nutricionista Natália. Eterno estudante, tem a missão de ajudar pessoas a recuperarem a saúde mental por meio de uma psiquiatria menos medicamentosa e mais humanizada, com acolhimento, escuta e cuidado, amenizando o sofrimento e gerando propósito. É casado com Lucas Kaehler, com quem forma uma linda família.

dr_murari
www.drmuraripsiquiatra.com.br
FOTO: ACERVO PESSOAL

Talvez isso seja desconhecido para você, mas o medo de não dar certo é um mecanismo que impossibilita a conquista. Ele paralisa toda a mudança e faz com que as pessoas não encontrem possibilidades para viver de modo pleno, principalmente quando agregado à falta de autoconhecimento para entender todo o processo de vulnerabilidade e encontrar caminhos diante de problemas, dificuldades e gestão de oportunidades.

Em muitos momentos, é potencializado pela ansiedade de querer ter o controle sobre tudo e todos para não se ferir nas adversidades. Nesse caso, é até possível sonhar, mas sem mudança não existe concretização do sonho. É preciso conhecer as dificuldades, acreditar no próprio potencial, entender a vulnerabilidade, gerenciar a balança do medo e focar o essencial para trilhar uma jornada de realizações e lutar para que ela se concretize.

Se o medo em excesso paralisa o sonho, ele também pode aumentar o estresse, intensificar a ansiedade e levar a quadros depressivos. Como última consequência dessa paralisação, existem muitas pessoas que deixam de sonhar ou de realizar por nunca terem ao menos tentado. Há outras que vivem ansiosas pelo excesso do medo daquilo que pode ou não acontecer e, dessa maneira, não acreditam que podem realizar. Isso faz com que tenham uma vida sem propósito e sem a ousadia de alcançar os próprios objetivos.

A verdade, contudo, é que ter medo é completamente normal. Ele nos protege, é um mecanismo de defesa que todos nós temos. Porém, o excesso nos paralisa. A cada dia vemos mais pessoas buscando ajuda por terem perdido o controle da própria vida. Isso sem considerar que somos expostos cada dia mais a redes sociais que potencializam o medo e paralisam a realização dos sonhos pelo simples fato de sempre apresentarem caminhos mais fáceis percorridos por outros indivíduos.

Vejamos então algumas constatações: o excesso de medo gera ansiedade, isto é, medo daquilo que pode ou não acontecer; o estresse, por sua vez, gera excesso de medo; por fim, quando temos a depressão, temos também o excesso de medo daquilo que já aconteceu. Em resumo, são grandes dificuldades psíquicas que estão atreladas ao excesso desse sentimento, causando dor, sofrimento e prejuízo para a vida de inúmeras pessoas. Esse medo, tão necessário e temido em excesso, impede a realização ou atrasa os processos para realizar os sonhos com plenitude e total confiança no propósito, além de transformar o possível em impossível e frustrar os sonhos em andamento.

Indo um pouco além, ele gera insegurança, incerteza e frustração, pois existe um custo de não realização e concretização de algo que tais pessoas se propõem a fazer, ao passo que isso se acumula no decorrer de uma vida gerando como resultado a sensação de que há problemas insolucionáveis.

Por esses e tantos outros motivos, decidi demonstrar, neste capítulo, como o medo está presente em todas as pessoas e é uma característica de proteção de diversos animais.

Vamos então aos fatos e às explicações subsequentes: o medo é nato do ser humano, assim como de diversos animais. A grande diferença é que nós, muitas vezes, não conseguimos equilibrar os medos de maneira adequada e ficamos parados no meio do caminho. Várias são as crenças que recebemos em nosso processo de formação, em nossa educação. Também somos influenciados pelo modo de pensar familiar, pelas cobranças de inúmeras provas e resultados no decorrer da vida, pelo excesso de informação e, é óbvio, pelas redes sociais.

Todos esses fatores, em conjunto, fizeram com que o medo ganhasse cada vez mais espaço e retardasse ou impedisse a realização dos sonhos e a performance máxima de cada indivíduo.

Em contrapartida, a resolução disso requer que conheçamos os problemas a serem enfrentados e estruturemos um plano estratégico para tal. Depois, com autoconhecimento é possível entender e respeitar os próprios limites, que vão além do que o medo arquiteta. Por último, é necessário desfazer-se de crenças que não são mais operáveis e assumir o controle da trajetória rumo à conquista de seus sonhos.

Algo fantástico acontece quando você se conhece o suficiente para não valorizar seus medos ao máximo. Você passa a entender suas vulnerabilidades, compreender seus problemas e se conhecer mais. Quando nos empenhamos em realizar sonhos, precisamos de estratégias que possibilitem isso. E uma delas é aceitar que todos temos medo e vulnerabilidades e vamos nos deparar com problemas.

As grandes diferenças entre as pessoas que transformam a vida e as que seguem sem realizar nada estão no modo como lidam com as adversidades e os medos. O melhor caminho é manter a sensatez e respeitar o próprio tempo, além de focar a realização do propósito.

Então tenha em mente: é necessário conhecer mais sobre si, compreender o momento que está vivendo, enxergar o potencial e respeitar as escolhas. E isso não vem do nada nem acontece de maneira passiva; requer mudança e realinhamento, o que nos leva ao Ciclo da Vitória, um ciclo de evolução em que, a partir de quem somos, passamos a entender que podemos realizar projetos que acreditávamos ser impossíveis.

1. **Sonhe com o impossível:** sonhe com projetos grandes, entenda e arquitete seus objetivos. Coloque no papel as dificuldades e os receios, e acrescente tudo aquilo que você tem facilidade para fazer.

2. **Acredite em seu potencial de realização:** não adianta sonhar se não acreditar. Nessa fase, ressalte qual é seu plano, por qual motivo ele dará certo e aonde ele levará você ao concretizar a jornada. Por isso, é preciso compreender mais sobre os próprios medos e verificar formas de "sabotar" esse sistema que impede muitas vezes a realização dos sonhos nos campos profissional, acadêmico e até mesmo pessoal.

3. **Foque o essencial:** sonhos podem ser criados a partir de um universo sem fim. Não temos limites, e isso é muito bom. Porém, se queremos realizar sonhos, devemos definir etapas e algumas ordens mínimas para cada parte do projeto. Não adianta querer fazer uma trilha com uma mochila extremamente pesada. É preciso levar o essencial, conhecer o caminho, entender as dificuldades e buscar posicionamento a fim de conseguir ousadia e impulso para chegar ao topo.

4. **Lute por você e seu sonho:** não existe vitória sem esforço. Dê o máximo de sua essência. Faça de seu caminho um obstáculo de mudança. Afinal, você nunca será o mesmo após todo esse processo.

5. **Vença:** por fim, vença. É preciso saber vencer e entender que você é um vitorioso.

Com esse Ciclo da Vitória, todos os sonhos e objetivos podem se realizar, e, a cada ciclo, você irá além daquilo que espera. Foi assim comigo e será também com você.

Desde pequeno, sempre apliquei esse método porque ouvi diversas vezes que meus sonhos seriam impossíveis. Para muitos, seria impossível que eu conseguisse me formar em Medicina e vencer na vida, pois meus pais não tinham condições para me ajudar. Durante bastante tempo, ouvi e acreditei nisso. Mas o sonho de vencer era muito maior do que as falas desencorajadoras que me geravam medo.

Tinha o sonho não apenas de ser médico como também de ser psiquiatra e ter uma clínica, quiçá um dia ter um hospital que apoiasse a humanização e o cuidado na área de saúde mental. Era com isso que eu sonhava, e estou em processo de alcançar. Com o Ciclo da Vitória, já realizei parte dessas etapas. Por ter sempre acreditado no impossível, gostava de sonhos difíceis, complicados, mas que trouxessem resultados a longo prazo. Creio que uma saúde mental mais humanizada e voltada ao cuidado demanda menos medicação e menos preconceito, além de muito mais informação.

Foquei toda a minha formação no conhecimento e cuidado com o próximo. Luto todos os dias para levar a mensagem de cuidado e esperança para as resoluções de saúde mental, e não só para os pacientes. Venço cada trecho da grande jornada rumo à conquista daquilo que sempre foi visto como impossível. Afinal, todos somos vencedores e podemos fazer a diferença em nossa vida e na vida daqueles ao nosso redor.

Acredito na transformação das pessoas e que felicidade está na resolução dos problemas e na realização dos sonhos. Todos temos a oportunidade de sermos felizes e de realizarmos aquilo que acreditávamos ser impossível. É só escolher entre viver com seus medos, frustrado e sem soluções para os problemas ou ser feliz a partir de hoje.

Então, nunca diga "não" a seus sonhos. Se não puder realizar agora, guarde, retorne e um dia concretize-os. Você é o autor da própria história e pode construir um legado forjado em propósitos que farão a mudança não só de sua vida, mas aquela que deixará vestígios na história de bastante gente. Seja feliz, sonhe e faça acontecer.

Sei que é tentador desistir. Essa, talvez, seja a mais fácil das escolhas. No entanto, às vezes mesmo tendo que abrir mão do que queremos, isso não pode ser para sempre. Redescubra seus sonhos, acredite em você, naquilo que está em sua essência, vislumbre o que mais desejava quando era criança e faça acontecer aquilo em que acredita. Todos ainda temos tempo.

Costumo falar que sonhar é o combustível da alma e da mente. Para que possamos ficar melhores e continuar produzindo esse combustível, é preciso crer em nós mesmos e no nosso potencial. É preciso fazer acontecer. É necessário escutar a própria essência e não acreditar em tudo o que é falado pelos outros. Isso é ser sempre verdadeiro com você mesmo.

A vida passa como um sopro; o sonho, como um piscar de olhos – mas a vitória é para sempre. E, no fim das contas, não se trata só de sonhar, mas de como viver cada sonho e se reconectar com você. Acreditando na própria história, redescobrindo a essência e transformando não apenas a própria vida como também a de quem mais ama.

VOCÊ É O AUTOR DA PRÓPRIA HISTÓRIA E PODE CONSTRUIR UM LEGADO FORJADO EM PROPÓSITOS QUE FARÃO A MUDANÇA NÃO SÓ DE SUA VIDA, MAS AQUELA QUE DEIXARÁ VESTÍGIOS NA HISTÓRIA DE BASTANTE GENTE.

8

COMUNICAÇÃO BIUNÍVOCA E ESTRATÉGICA

RENATO ←
TRISCIUZZI

RENATO TRISCIUZZI é especialista em liderança e gestão de equipes. É mentor, líder de líderes, doutor em Administração de Empresas, mestre em Controle de Gestão e executivo de auditoria, gestão de riscos e controles. Impulsionado por inspirar pessoas e transformar negócios, soma mais de trinta anos de experiência profissional em empresas como Deloitte, Santander, Vivo, Nexans, Embratel, Invepar, Walmart, Transpetro e ALE. É palestrante internacional em mais de dez países, tendo realizado mais de cinquenta conferências. Foi premiado como uma das cinco melhores pesquisas científicas no III Congresso Iberoamericano de Contabilidade de Gestão 2009, na Espanha. É filho, irmão, marido, pai de dois e avô de três. Nasceu no Rio de Janeiro e trabalhou grande parte da vida em São Paulo. É entusiasta da gastronomia e apaixonado por natação e triatlo. É coautor do livro best-seller *Foras da curva: construa resultados que falam por si próprios* e autor do livro *Os 4 pilares da liderança imbatível*, ambos publicados pela Editora Gente.

⃝ renato.trisciuzzi
in renatotrisciuzzi
⊕ www.renatotrisciuzzi.com
FOTO: ©GALERIA 32

Muitos profissionais têm dificuldade para transformar sonhos em ações concretas, o que evidencia a falta de clareza nos objetivos; como consequência, convivem com a incapacidade de se comunicar de maneira eficaz. Muitos criam planos audaciosos demais sem conexão com o próprio propósito, o que gera frustração por sentirem que estão estagnados, mesmo dedicando muito esforço aos projetos. Essa frustração, por sua vez, pode provocar falta de confiança, desalinhamento entre propósito e ação e dificuldades de engajamento, seja na equipe, no trabalho ou na família.

A comunicação ineficaz afeta várias áreas da vida: no trabalho, pode resultar em projetos malsucedidos, desmotivação da equipe e perda de oportunidades de crescimento; na vida pessoal, o desalinhamento com pessoas próximas pode causar conflitos e uma sensação de isolamento. Além disso, a falta de progresso pode abalar a autoestima, criando um ciclo de insegurança que dificulta avanços.

Nesse sentido, existem duas situações que me causam indignação: a primeira acontece quando líderes falham em comunicar o propósito por trás de uma estratégia, deixando as equipes desmotivadas. Já presenciei times inteiros operando sem saber o impacto final das próprias ações, desperdiçando potencial. A segunda situação está na ausência de escuta ativa. Muitos líderes acreditam que comunicação é apenas falar, ignorando o diálogo. Isso mina a confiança, gera alta rotatividade e prejudica resultados.

Quando a comunicação é *biunívoca*[1] e *estratégica*, tudo muda. Sem ela, são dias perdidos ao não resolver essa questão, uma vez que o mercado exige

---

1   Que ocorre quando cada mensagem enviada por um emissor é recebida e compreendida por um receptor específico, e vice-versa. Isso significa que há uma correspondência clara e direta entre quem envia e quem recebe a mensagem, sem ambiguidades.

líderes que inspirem e se comuniquem com clareza, enquanto a vida pessoal cobra alinhamento com aqueles ao redor. A incapacidade de comunicar sonhos e transformá-los em ação faz a pessoa sentir que está estagnada, presa entre esforço e resultados insuficientes. Sente falta de progresso real e não consegue traduzir as ideias em conquistas concretas. Essa lacuna a impede de liderar com confiança, engajar pessoas e alcançar as metas.

Em resumo, caso você sinta parte desses sintomas ou pelo menos esteja consciente de que precisa melhorar a comunicação, a verdade é que, se não agir agora, corre o risco de se perder em arrependimentos e deixar seu potencial inexplorado. Resolver isso é a chave para destravar resultados duradouros e transformar sua visão em realidade.

Depois, ainda no que se refere a alguns dos problemas mais comuns que consigo enxergar nessa falta de comunicação estratégica e alinhada, há uma frustração muito grande atrelada ao esforço exagerado feito para conseguir resultados. A insegurança, então, aparece. Nasce da falta de clareza sobre como transformar sonhos em estratégias práticas e como engajar pessoas na tarefa de alcançar esses objetivos. Isso cria a sensação de estar desconectado do time, da família e até de si mesmo. É um custo emocional muito alto.

Parece que nada está progredindo como deveria e, como consequência, a autoestima também é afetada, gerando ansiedade e criando um ciclo de desmotivação que pode influenciar até mesmo a saúde mental. Ou seja, atrasar a solução significa perder oportunidades importantes, abandonar projetos promissores ou enfrentar relações desgastadas se olharmos para isso de modo prático. É um impacto cumulativo: quanto mais o problema da falta de uma boa comunicação estratégica persiste, mais difícil parece a retomada do controle.

E como isso acontece? Vamos aos fatos: no trabalho, é provável não conseguir engajar a equipe em um projeto importante ou ter suas ideias ignoradas por falta de clareza; na vida pessoal, planos são interrompidos por falta de alinhamento com pessoas próximas, gerando desentendimentos ou sensação de isolamento. Sentimentos como inadequação ("Faço meu melhor, mas nunca parece suficiente") e isolamento ("Ninguém entende meus objetivos") são frequentes.

Mas pare e pense: fomos preparados para comunicar nossas ideias estrategicamente? A resposta é simples: não! Na formação, o foco é quase sempre técnico, negligenciando a importância de construir mensagens claras e inspiradoras. Além disso, muitas pessoas não têm um modelo prático para transformar sonhos em estratégias e acabam agindo de modo desordenado, o que provoca frustração e resultados abaixo do esperado. Influências externas também podem agravar a situação, isto é, a pressão por conquistas rápidas faz você sentir que precisa acertar de primeira, o que gera ansiedade e bloqueia o planejamento estratégico.

Ainda, não posso deixar de mencionar valores culturais ou familiares, que minimizam a importância da comunicação e levam você a evitar compartilhar suas metas ou pedir apoio, o que contribui para o isolamento. Faltam referências. Sem exemplos de líderes ou mentores que pratiquem uma comunicação eficaz, não se sabe como começar. Crenças limitantes também podem fazer você acreditar que habilidades de comunicação e liderança são inatas, criando barreiras para buscar aprendizado e desenvolvimento contínuo.

Portanto, a comunicação biunívoca e estratégica tem o poder de transformar ideias soltas em conexões poderosas, alinhando sonhos e ações para resultados consistentes. Comunicar com propósito e clareza é uma habilidade, assim como uma ferramenta essencial para transformar frustração em progresso. Quando aprendemos a articular nossas ideias de modo claro e inspirador, criamos engajamento e alinhamos pessoas ao nosso redor. No trabalho, isso pode ser a chave para liderar equipes, conquistar novas oportunidades e alcançar metas estratégicas. Na vida pessoal, promove harmonia e entendimento entre aqueles que compartilham nossos sonhos.

É uma transformação gradual, que começa com pequenos passos. Desenvolver hábitos de comunicação eficazes, como escuta ativa e mensagens objetivas, é a base para eliminar barreiras emocionais de modo prático. Esse processo ajuda a transformar esforço disperso em ações direcionadas e resultados concretos. Com este método composto de dois passos, você aprenderá a articular seus objetivos, engajar pessoas em sua visão e superar bloqueios que o impedem de avançar. A promessa é clara: ao abraçar a comunicação estratégica, suas ideias ganharão vida, e sua jornada será marcada por progresso real e duradouro.

PASSO 1: USE A COMUNICAÇÃO COMO ALAVANCA PARA ALINHAR IDEIAS E AÇÕES

O primeiro passo é dominar a comunicação estratégica, que transforma ideias em ações coordenadas e impactantes. Comunicar bem significa inspirar, engajar e alinhar pessoas. Pergunte-se:

1. "Como posso apresentar minha ideia de maneira clara, prática e motivadora?"
2. "Como posso me certificar de que as pessoas entenderam minha mensagem?"
3. "Quais ações elas tomarão após me ouvir?"

COMO APLICAR

Estruture sua mensagem em três partes:

1. O que precisa ser feito: explique o objetivo de modo direto e simples.
2. Por que isso importa: mostre como o assunto impacta o todo, conectando-o a algo maior (uma meta coletiva e estratégica).
3. Como fazer: ofereça um caminho prático e acessível para começar.

E pratique a escuta ativa. Ao comunicar, ouça atentamente o retorno das pessoas, esclareça dúvidas e ajuste sua abordagem conforme necessário. Mas lembre-se de que é importante ouvir sem interromper. Seja para justificar ou responder, deixe a pessoa falar até o fim, contenha-se. Também simplifique a linguagem usada. Mensagens claras e sem jargões propiciam maior compreensão e reduzem falhas.

112 Sonho sem estratégia não vira realidade

No trabalho, adote essa comunicação para criar alinhamento e motivar equipes. Ao apresentar um projeto, destaque como ele contribui para o sucesso coletivo da equipe. Em casa, seja claro ao alinhar metas familiares ou pessoais, garantindo que todos compreendam os próprios papéis e o objetivo comum.

PASSO 2: TRANSFORME CONVERSAS EM AÇÕES PRÁTICAS

A comunicação eficaz não pode parar na conversa, no relato, nas palavras; ela deve resultar em ações concretas. A capacidade de conduzir diálogos para gerar compromissos claros e responsabilidade compartilhada é essencial.

COMO APLICAR

Após cada interação, defina:

1. Quem será responsável por cada etapa.
2. O que precisa ser feito.
3. Qual é o prazo final.
4. Quais recursos serão usados.
5. Qual é o resultado esperado.

Registre os acordos. Envie resumos de reuniões ou conversas importantes para garantir que todos estejam alinhados. Faça perguntas que reforcem o compromisso: "Você tem tudo de que precisa para começar?" ou "Há algo que eu possa fazer para ajudar?".

Parece básico, mas é primordial entender o que foi compreendido da comunicação aplicada, individual ou coletiva. A comunicação biunívoca pressupõe esse alinhamento.

No ambiente corporativo, transforme reuniões em planos de ação objetivos, deixando claro quem fará o quê. Na vida pessoal, aplique o mesmo princípio para coordenar projetos familiares ou metas conjuntas, como organizar uma viagem ou as compras do mês.

ESCUTA ATIVA – CONTEÚDO EXTRA PARA SABER MAIS

Caso esteja interessado em conhecer mais sobre o assunto, o artigo disponível no QR Code desmistifica conceitos comuns sobre a escuta ativa, oferecendo insights baseados em pesquisas a respeito das características dos grandes ouvintes. Ele destaca que ouvir efetivamente vai além do silêncio, incluindo interações que constroem a autoestima do interlocutor. A leitura é fundamental para líderes que desejam aprimorar habilidades de comunicação e fortalecer relacionamentos profissionais. Recomendo esse material para aprofundar a compreensão sobre práticas de escuta que podem transformar a dinâmica de liderança e engajamento em equipes.

What Great Listeners Actually Do
Jack Zenger e Joseph Folkman
www.hbr.org/2016/07/what-great-listeners-actually-do

Comunicar de maneira clara, prática e impactante elimina mal-entendidos, melhora a produtividade e cria um ambiente de confiança. A comunicação estratégica garante que as pessoas entendam o que se espera delas, se sintam motivadas a colaborar e saibam como contribuir para transformar ideias em resultados concretos. Esses passos são poderosos porque conectam sonhos a ações práticas, ajudando você a construir resultados duradouros na vida e nos negócios.

Eu mesmo vivi isso na pele em um cenário de adversidade, um dos momentos mais marcantes em que apliquei o método de comunicação biunívoca e estratégica. Ele aconteceu durante uma crise em uma grande empresa em que atuei como executivo. Quando entrei, havia conflitos entre a área em que eu trabalhava e a alta administração da empresa, resultando em metas não atingidas e equipes desmotivadas e frustradas.

Mas meu diagnóstico foi exato! Não era um problema técnico, e sim de falta de alinhamento e clareza na comunicação. Então identifiquei que a desconexão vinha de mensagens maltransmitidas, unilaterais e decisões pouco claras. Tracei um plano para fazer uma reversão, implementado em duas etapas principais: na primeira, reestruturei a comunicação para que tivesse mais clareza e fosse biunívoca. Reuni representantes de várias diretorias para alinhar perspectivas e o tipo de comunicação. Trabalhamos três perguntas-chave:

1. "O que precisamos alcançar?"

2. "Por que isso é importante?"

3. "Como faremos isso juntos?"

Com isso, criamos um plano tático claro, detalhando responsabilidades e prazos. Depois, na segunda etapa, transformei os diálogos em ações concretas, passando a registrar os compromissos em um formato compartilhado e adotando perguntas como:

1. Qual é o próximo passo?

2. Do que você precisa para executar sua parte?

Isso trouxe clareza e eliminou ambiguidades. Em três meses, a comunicação se tornou o motor de transformação. As equipes passaram a colaborar, as metas começaram a ser alcançadas e o moral melhorou significativamente. Essa experiência provou que uma comunicação clara, alinhada e estratégica não apenas resolve problemas, mas também gera confiança e resultados duradouros.

Em suma, aplicar o passo a passo é crucial, até porque a comunicação estratégica é a ponte entre os sonhos e os resultados. Sem ela, suas ideias permanecem estagnadas e os esforços são desperdiçados em ações desorganizadas. Quando segue o método, você ganha clareza sobre as metas intermediárias, alinha as pessoas ao seu redor e cria um caminho prático para transformar intenções em conquistas. Isso não apenas soluciona os desafios, mas também desenvolve habilidades essenciais de liderança e relacionamento, ampliando o impacto no trabalho e na vida pessoal.

Ao praticar esse processo, você deixará de reagir ao acaso e assumirá o comando, transformando sonhos em ações concretas e consistentes. É uma mudança que cria confiança e resultados duradouros.

Logo, não espere o momento perfeito ou o caos chegar. Comece agora, com os recursos e conhecimentos que você tem. Pequenos passos consistentes são mais poderosos do que grandes planos adiados. A comunicação estratégica é a chave que você já pode usar para transformar as ideias em realidade.

Se está pensando em desistir, saiba que a transformação começa com pequenos movimentos. Pratique o método em situações simples, como revisar uma conversa recente e torná-la mais clara e prática. Cada pequena vitória reforça sua confiança e impulsiona você para mais perto do sucesso. Desistir garante que nada mudará; persistir, mesmo aos poucos, é o caminho para conquistar o que deseja.

O fato de chegar até aqui significa que você já começou e acredita no poder da transformação – agora é hora de seguir em frente. Cada pequena ação de comunicação estratégica que implementar hoje é um tijolo na ponte que conecta seus sonhos à realidade. E quero que saiba que o poder da comunicação estratégica não está reservado a poucos – ele está ao seu alcance.

Pense nas grandes realizações do mundo: todas começaram com uma ideia bem comunicada. Você tem essa mesma capacidade. Com clareza, prática e consistência, será capaz de transformar suas ideias em ações e seus esforços, em conquistas.

Lembre-se: a diferença entre onde você está hoje e aonde quer chegar está no que você faz a partir de agora. Concluir este capítulo não é o fim, é o começo de sua jornada. Você já tem as ferramentas necessárias. Agora é hora de agir.

Então experimente, ajuste e persista. Confie no processo e acredite em seu potencial. A comunicação é uma ferramenta, é sua ponte para o sucesso. O próximo passo é seu, e estou torcendo para que você o dê com confiança.

CADA PEQUENA VITÓRIA REFORÇA SUA CONFIANÇA E IMPULSIONA VOCÊ PARA MAIS PERTO DO SUCESSO. DESISTIR GARANTE QUE NADA MUDARÁ; PERSISTIR, MESMO AOS POUCOS, É O CAMINHO PARA CONQUISTAR O QUE DESEJA.

9

DESTRAVE SUA ESSÊNCIA

FABIO JR. SOMA

FABIO JR. SOMA é mentor de empresários, especializado em prever tendências futuras e criar estratégias para aproveitar essas oportunidades no momento atual. Utilizando um equilíbrio entre inovação tecnológica, análise de tendências de mercado e estudos aprofundados de hábitos de consumo, Fabio conduz estratégias eficazes de marketing, capitalizando as oportunidades para que os clientes tenham mais velocidade e lucro e fiquem, pelo menos, cinco anos à frente da concorrência. É CEO da edtech Soma Peruzzo, uma startup com foco em habilitar profissionais a terem sucesso na união entre mundo digital e mundo off-line por meio de três pilares: 1) mapeamento dos hábitos de consumo do mercado; 2) desenvolvimento de uma estratégia baseada em inovações e tendências; 3) implementação rápida e eficiente, sem ideias mirabolantes ou soluções complicadas e caras.

⬡ fabiojrsoma
FOTO: ACERVO PESSOAL

Quero iniciar com uma breve história. Dentre as mais de 2 mil que poderia contar, de alunos que passaram por mim, vou começar por uma das mais inspiradoras: a do dr. Victor Cutait, cirurgião plástico que atua em São Paulo. Quando chegou até mim, estava completamente perdido: o perfil profissional digital não transmitia confiança, o faturamento era baixo e, apesar das habilidades técnicas, a percepção de autoridade dele no mercado era quase inexistente. Sentia que não sabia como se posicionar e que, por isso, não conseguia atrair os pacientes ideais.

Durante o treinamento, Victor descobriu que o arquétipo dominante dele era o *amante*, na subdivisão *companheiro*. Essa revelação foi um divisor de águas. Ele percebeu que o maior diferencial não eram técnicas cirúrgicas, e sim a maneira como se conectava profundamente com os pacientes, oferecendo um atendimento empático, cuidadoso e baseado em relações de confiança e proximidade.

A partir disso, Victor reformulou completamente a comunicação. O tom de voz passou a refletir um profissional acessível, acolhedor e focado no bem-estar emocional dos pacientes. Deixou para trás uma abordagem genérica e fria e passou a criar conteúdos que mostravam a dedicação em transformar a autoestima de modo personalizado e humanizado.

Foi uma mudança extraordinária! Ele implementou um plano estratégico alinhado ao arquétipo que descobriu – amante/companheiro – e começou a criar posts mais autênticos. Compartilhava histórias reais de transformação, destacando o impacto emocional positivo das cirurgias na vida dos pacientes. Também renovou o branding e as redes sociais e começou a utilizar imagens e vídeos que transmitiam cuidado, sofisticação e uma abordagem intimista. Isso sem contar que reforçou o atendimento pré e pós-operatório com gestos simples, mas marcantes, que enfatizavam a conexão e o carinho pelo paciente.

O resultado: em menos de um ano, o reconhecimento explodiu. Hoje, Victor tem um faturamento na casa dos sete dígitos mensais e é uma autoridade reconhecida internacionalmente. Tornou-se um dos cirurgiões mais respeitados do Brasil, com convites para palestrar em congressos e parcerias com grandes nomes da medicina estética. Os pacientes o enxergam como um profissional que vai além do bisturi, alguém que entende as inseguranças e os sonhos e cria um relacionamento baseado em confiança e admiração. Tudo isso apenas por ter descoberto o próprio arquétipo e transformado essa jornada profissional.

Assim como ele, você também pode desbloquear sua essência e transformar sua trajetória. E o arquétipo é a chave para alinhar o que você tem de melhor a ações práticas e alcançar resultados que antes pareciam impossíveis.

Você já parou para pensar nisso?

Descobrir o arquétipo dominante e utilizá-lo na comunicação é indispensável para quem quer ter mais resultados, então é preciso deixar algo claro a partir de agora: a falta de comunicação autêntica e estratégica muito provavelmente está impedindo você de alcançar o próximo nível, nos negócios e na vida. É uma questão maior do que melhorar o desempenho no Instagram ou aumentar as vendas. Trata-se de assumir o controle de quem você é, expressar isso com clareza e transformar a própria marca em uma extensão poderosa da essência.

Vejo muitos casos de pessoas que estão sempre correndo atrás de "*trends*", tentando adaptar-se ao que os outros fazem e, no fim das contas, criando aquilo que não reflete quem realmente são. Isso afeta os resultados nos negócios, bem como gera ansiedade, desmotivação e até dúvidas sobre as próprias capacidades. Ao não saber como se expressar, a sensação é de estar perdido, sem ter uma direção clara que conecte as ações aos valores mais profundos. Gera falta de confiança e relacionamentos sem conexão verdadeira e que não refletem consumidores leais.

Em resumo, a cada dia que você adia o conhecimento sobre seu arquétipo dominante, está deixando passar oportunidades para crescer, se destacar e viver o protagonismo que sabe que é capaz de exercer. Ao não resolver esse problema, continuará preso em um círculo vicioso em que: produz conteúdo praticamente por obrigação, já que não tem uma expressão para usar a criatividade; não consegue engajar com o público, e isso se reflete em poucas vendas e nenhum reconhecimento real; e sente medo de errar, o que o impede de agir e conquistar o espaço que merece.

A percepção é de estar fazendo tudo o que é possível, mas ainda assim os resultados não chegam. Cada dia sem alinhar "quem é" a "o que comunica" é um dia em que oportunidades, conexões e resultados são deixados para trás.

O mercado digital não espera: vivemos em um ritmo acelerado, no qual a atenção do público é volátil. A falta de uma mensagem clara e poderosa faz com que você seja facilmente esquecido. É um ambiente de competição intensa, e não se destacar significa ficar invisível em um contexto no qual outros profissionais já estão aproveitando o espaço que poderia ser ocupado por você.

E aqui existem alguns sentimentos comuns: frustração e desânimo, por trabalhar duro e não ver dar certo o que foi feito, bem como incerteza e ansiedade, por não sentir que há uma direção clara e um caminho a ser trilhado. O custo emocional de não ter isso bem definido e estruturado é imenso: novas tentativas frustradas minam ainda mais a confiança. O profissional começa a duvidar da capacidade e do valor do que está oferecendo, o que pode facilmente escalar para um sentimento de inadequação, que afeta a criatividade, a energia e até mesmo a maneira como se relaciona com os outros.

No entanto, saiba que, se você se sente assim, não está sozinho. O dr. Victor, cuja história contei no início do capítulo, era alguém que passava por alguns desses elementos e dores. Apesar de já ser um profissional extraordinário, foi a descoberta do arquétipo dominante que o fez ir ainda mais longe. E ele é apenas um dos milhares de profissionais que já ajudei ao longo de meus vinte anos de experiência.

Muitas vezes, percebo que essa dificuldade de destravar o poder do arquétipo vem de uma desconexão entre a essência da pessoa e a maneira como ela tenta se apresentar ao mundo. É um desafio não apenas técnico, mas também enraizado em influências externas e barreiras internas que limitam a clareza e a ação. Muitas pessoas não sabem exatamente quem são ou o que as torna únicas. Ficam presas em um ciclo de tentativa e erro, imitando estratégias sem considerar a verdadeira essência, o que faz com que as ações e as comunicações percam a força e a conexão com o público.

Por outro lado, existe o medo de errar ou de não agradar a todos. É uma preocupação constante em atender às expectativas externas, seja de amigos e familiares ou do mercado. Esse medo cria a paralisia, que impede o profissional de se posicionar autenticamente, em uma tentativa de evitar eventuais críticas ou rejeições. Aqui entram também pressões sociais e culturais, uma vez que vivemos em um mundo onde a perfeição é exaltada e a vulnerabilidade é desencorajada. Além disso, as expectativas familiares certamente influenciam, pois alguns cresceram ouvindo que o caminho seguro é melhor – mas nem sempre esse caminho é o que faz sentido para quem deseja se comunicar melhor e ter mais resultados.

Você se reconheceu em algum desses pontos? Se sim, a pergunta que sobra é: o que é possível fazer, então? Em primeiro lugar, parar de seguir um padrão genérico e criar um plano tático poderoso que una sua essência e a inteligência emocional com estratégias práticas. É hora de destravar seu arquétipo. Quando você entende quem você é, como sua marca deve se posicionar, e comunica isso de maneira genuína, tudo muda. Sendo muito prático, o primeiro passo é compreender que essas dificuldades não são insuperáveis.

Ao destravar o arquétipo, você terá um mapa claro para alinhar sua essência às suas ações, superando influências externas e ganhando confiança para agir de modo genuíno e estratégico. Essa transformação começa com a decisão de agir e de investir em si mesmo. Meu convite é para que você se enxergue de maneira diferente. Resgatar sua essência, falar diretamente ao coração do público e criar uma transformação verdadeira nos resultados. Com isso, alcançará clareza, confiança e protagonismo.

Chega de ficar à mercê de modinhas e de tentar seguir o que os outros estão fazendo. Lide consigo mesmo, use o arquétipo para expressar sua autenticidade. Fazer isso é o ponto de virada que vai transformar não apenas sua comunicação, mas também sua mentalidade e seus resultados. Destravar o arquétipo significa liberar a essência que já está dentro de você e utilizá-la de modo estratégico para criar uma presença marcante e autêntica. E aqui está o ponto principal: isso não pode mais esperar.

Se o objetivo é alcançar resultados transformadores na vida e nos negócios, é preciso mostrar uma conexão autêntica e poderosa entre quem você é e como se comunica. Isso é revelador! É um movimento que gera transformação, e você verá os resultados, dia após dia, quando colocar em prática, pois a *consistência* é o que separa a inspiração da transformação; é ela quem garante que sua essência seja percebida pelo público de maneira clara e confiável, criando uma presença marcante e memorável. Afinal, a repetição de uma mensagem alinhada a quem você é fortalece sua autoridade, gera confiança e promove destaque em um mercado saturado.

A seguir, vou apresentar como descobrir seu arquétipo, porém já quero deixar algumas orientações iniciais.

1. **Incorpore seu arquétipo em tudo que você fizer.** Desde conteúdos que cria até a maneira como interage com a audiência e

toma decisões estratégicas. O arquétipo deve ser o fio condutor que une a essência à comunicação.

2. **Seja persistente e intencional.** Não espere resultados da noite para o dia. O poder do arquétipo se revela com o tempo, à medida que você cria uma presença consistente e confiável.

3. **Confie no processo.** O método dará a você as ferramentas necessárias para alinhar a essência às ações de maneira estratégica. Tudo que você precisa fazer é colocar em prática com determinação.

Então vamos aos passos.

PASSO 1
CONHEÇA OS DOZE ARQUÉTIPOS DE JUNG E AS QUATRO SUBDIVISÕES

Os arquétipos são padrões comportamentais universais presentes no inconsciente coletivo, como identificado por Carl Gustav Jung, psiquiatra e psicoterapeuta suíço. Esses padrões ajudam a definir como nos expressamos, nos conectamos e tomamos decisões. São doze arquétipos com quatro subdivisões, totalizando 48 variações que permitem uma personalização profunda.

Aqui está um resumo rápido dos arquétipos e das motivações:

MOTIVAÇÃO: INDEPENDÊNCIA
São arquétipos que buscam liberdade e autenticidade, sendo movidos por desejos internos.

Inocente
- **Essência:** simplicidade, otimismo e pureza.
- **Foco:** promover felicidade, segurança e confiança.
- **Promessa:** vida leve e harmônica.

- **Exemplo:** Coca-Cola (sonhador).
- **Subdivisões:** criança, sonhador, idealista, inspirador.

Explorador
- **Essência:** liberdade, aventura e descoberta.
- **Foco:** encontrar novos caminhos e perspectivas.
- **Promessa:** inspiração e autenticidade.
- **Exemplo:** Jeep.
- **Subdivisões:** aventureiro, pioneiro, cosmopolita, nômade.

Sábio
- **Essência:** conhecimento, reflexão e verdade.
- **Foco:** educar, informar e inspirar confiança intelectual.
- **Promessa:** sabedoria para resolver problemas.
- **Exemplo:** Google.
- **Subdivisões:** cientista, mentor, detetive, tradutor.

MOTIVAÇÃO: PERTENCIMENTO
Esses arquétipos buscam conexão, união e harmonia.

Amante
- **Essência:** paixão, harmonia e proximidade.
- **Foco:** criar conexões emocionais profundas.
- **Promessa:** relações significativas e apaixonantes.
- **Exemplo:** Chanel.
- **Subdivisões:** romântico, companheiro, hedonista, conector.

Pessoa comum
- **Essência:** simplicidade, autenticidade e acessibilidade.
- **Foco:** ser relacionável e confiável.
- **Promessa:** igualdade e inclusão.

- **Exemplo:** Ikea.
- **Subdivisões:** cidadão, antidiscriminação, bom vizinho, onipresente.

Tolo

- **Essência:** alegria, leveza e diversão.
- **Foco:** criar momentos de descontração e felicidade.
- **Promessa:** aproveitar a vida ao máximo.
- **Exemplo:** M&M's.
- **Subdivisões:** entertainer, brincalhão, provocador, transformador.

MOTIVAÇÃO: MAESTRIA

Esses arquétipos são movidos pelo desejo de superar desafios e liderar.

Herói

- **Essência:** coragem, força e determinação.
- **Foco:** superar desafios e inspirar.
- **Promessa:** conquistar grandes feitos.
- **Exemplo:** Nike.
- **Subdivisões:** guerreiro, campeão, socorrista, libertador.

Rebelde

- **Essência:** transformação, ousadia e inovação.
- **Foco:** quebrar regras e criar o novo.
- **Promessa:** revolução e renovação.
- **Exemplo:** Harley-Davidson.
- **Subdivisões:** ativista, apostador, insubordinado, reformista.

Mago

- **Essência:** transformação, criatividade e mudança.
- **Foco:** inspirar mudanças e realizar o impossível.
- **Promessa:** transformar sonhos em realidade.

- **Exemplo:** Disney.
- **Subdivisões:** espiritual, mentalista, engenheiro, xamã.

MOTIVAÇÃO: ESTABILIDADE

Esses arquétipos buscam organização, segurança e senso de ordem.

Governante

- **Essência:** liderança, controle e responsabilidade.
- **Foco:** criar ordem e estabilidade.
- **Promessa:** proteção e segurança.
- **Exemplo:** Rolex.
- **Subdivisões:** *old money*, exibicionista, embaixador, patriarca.

Criador

- **Essência:** criatividade, inovação e originalidade.
- **Foco:** trazer ideias únicas para a realidade.
- **Promessa:** criação de algo novo e impactante.
- **Exemplo:** LEGO.
- **Subdivisões:** estético, *storyteller*, artista, empreendedor.

Cuidador

- **Essência:** generosidade, cuidado e empatia.
- **Foco:** proteger e ajudar os outros.
- **Promessa:** apoio e segurança emocional.
- **Exemplo:** Johnson & Johnson.
- **Subdivisões:** guardião, samaritano, curandeiro, anjo.

PASSO 2
COMO APLICAR ISSO EM SUA VIDA

Estude os arquétipos e as subdivisões: leia as descrições e os exemplos, reconhecer padrões de comportamento com os quais você se identifica.

Depois, reflita sobre sua essência. Pense em como esses padrões aparecem em sua vida pessoal e profissional. Por fim, faça um teste. Deixei como bônus, ao fim do capítulo, uma ferramenta confiável para determinar qual é o arquétipo que melhor representa sua personalidade ou marca.

PASSO 3
INTEGRE O ARQUÉTIPO IDENTIFICADO NA COMUNICAÇÃO E NAS AÇÕES

Agora que você conhece seu arquétipo dominante, o próximo passo é traduzi-lo em estratégias práticas que reflitam sua essência em tudo o que faz. Para isso, alguns pontos são fundamentais:

- **Defina a linguagem e o estilo:** adapte o tom de voz, o design e sua presença às características do arquétipo. Por exemplo:
  - o Se for o criador, use narrativas inovadoras e visuais únicos.
  - o Se for o governante, transmita liderança e confiança na comunicação.
- **Alinhe as ações ao arquétipo:** planeje conteúdos, interações e decisões estratégicas que ressoem os valores e as motivações de seu arquétipo. Por exemplo:
  - o O tolo pode criar campanhas leves e bem-humoradas.
  - o O sábio deve compartilhar insights profundos e análises estratégicas.
- **Pratique a consistência:** reforce as características do arquétipo em todas as interações, desde redes sociais até reuniões e negociações.

Com a essência integrada em suas ações, a comunicação se tornará mais poderosa, consistente e impactante. Você criará conexões genuínas com o público, aumentando a credibilidade e obtendo resultados reais. É um movimento ganha-ganha: você ganhará autoconhecimento e entendimento profundo do que o diferencia no mundo e usará isso como força, além de ter uma estratégia alinhada e que gera resultados, desde que aplicada com consistência.

Lembre-se: sem ação, a descoberta do arquétipo ou as ferramentas apresentadas se tornam apenas ideias no papel, sem gerar transformação. É a prática que fará com que você experimente a verdadeira mudança, tanto nos resultados quanto na maneira como se posiciona no mundo.

Meu conselho é simples: confie no processo e dê o primeiro passo. Às vezes, a maior dificuldade está em começar. Não se obrigue a fazer tudo de uma vez. Apenas comece. Um pequeno passo já pode gerar um impacto enorme.

Talvez seja difícil, eu sei. Mudanças exigem coragem, e é normal sentir dúvidas no caminho. Pode parecer desafiador ou até assustador pensar em transformar a essência em ação, mas saiba que mudanças não acontecem sem movimento. Não espere o momento perfeito ou mais segurança para agir. Permita-se até mesmo errar, aprender e crescer.

Por fim, se ainda assim faltar motivação, pense na história do dr. Victor Cutait, que transformou uma carreira em declínio em uma das mais respeitadas do país. Ele também teve dúvidas, mas escolheu acreditar no potencial do método e, principalmente, no próprio potencial. Hoje, é a prova viva de que você pode ir além do que imagina quando decide agir.

Pense por um momento no impacto que você pode criar ao viver plenamente alinhado a quem você é. Imagine o reconhecimento, as conexões profundas e os resultados que virão quando você agir com base em sua essência, em vez de se moldar ao que esperam de você. Essa transformação é tão possível quanto inevitável quando você decide agir.

As pessoas mais bem-sucedidas que conheço não são aquelas que tentam agradar a todos, são aquelas que têm coragem de ser elas mesmas, de liderar com propósito e de comunicar com autenticidade. E isso está ao seu alcance. Se grandes nomes, como o dr. Victor Cutait, puderam dar esse salto com base no arquétipo, você também pode. A diferença está na decisão de agir e de confiar no processo.

O que vem a seguir é uma história que você está prestes a escrever. Comece hoje, aplique o que aprendeu e veja como o poder de ser quem você é pode transformar tudo ao seu redor. O mundo precisa de sua autenticidade, seu talento e sua essência. Chegou a hora de mostrar o que está aí dentro.

BÔNUS

Aqui está meu presente para você: um teste completo para descobrir seu arquétipo dominante. Esse teste é a chave para desvendar quem você realmente é e como pode usar isso para alcançar resultados extraordinários em sua vida e seus negócios. E o melhor: é totalmente gratuito!

COMO PARTICIPAR?

Vá até meu perfil no Instagram @fabiojrsoma, entre no direct e envie a palavra mágica: "20teste20". Aguarde o link do teste exclusivo.

Em apenas 25 minutos, você responderá tudo, mas os insights que vai obter durarão para sempre.

Clique no link a seguir e envie a palavra agora mesmo: www.ig.me/m/fabiojrsoma?ref=20teste20

COM A ESSÊNCIA INTEGRADA EM
SUAS AÇÕES, A COMUNICAÇÃO
SE TORNARÁ MAIS PODEROSA,
CONSISTENTE E IMPACTANTE.
VOCÊ CRIARÁ CONEXÕES
GENUÍNAS COM O PÚBLICO,
AUMENTANDO A CREDIBILIDADE
E OBTENDO RESULTADOS REAIS.

10

CONEXÕES GENUÍNAS: DOAR PARA RECEBER

AGNES BASTOS JUNQUEIRA tem a terapia ocupacional como formação acadêmica, porém a gestão no agronegócio a seduziu. Paulistana, foi morar na fazenda com o esposo, mas ficou viúva há quinze anos e desde então está à frente dos negócios, contrariando muitos que apostaram contra e que acreditavam que ela perderia as propriedades em um curto período. Hoje, é um case de sucesso pela adoção das melhores práticas de liderança, manutenção e qualificação de líderes e funcionários. Com MBA em Ciências da Mente e Liderança Humanizada, é também especialista em Psicologia Positiva e Saúde Mental, além de Leitura da Linguagem Corporal. Criou o método Liderança Humanizada no Agronegócio, alcançando várias pessoas do setor. É também mãe da Laura e da Flávia, que se tornaram mulheres independentes e decididas. Acredita piamente que a moral é o que mantém o mundo longe do caos.

📷 agnesjunqueira
FOTO: ©CAROLINE SOAVE

CLAUDIO SANTOS é empresário, autor de três best-sellers na área de empreendedorismo, presidente do Next Group, com sede no Brasil e em Portugal e atuação em mais seis países nas áreas de internacionalização, tecnologia e inovação. É investidor em mais de cem startups e empresas, o que aconteceu após enfrentar a perda trágica do filho Arthur, aos 9 anos, que o levou a ressignificar os próprios propósitos e a visão de mundo. Com uma carreira dedicada à educação e ao empreendedorismo, bem como uma paixão incansável pelo desenvolvimento humano e social, tem como missão capacitar as pessoas a acreditarem que as oportunidades são acessíveis a todos, independentemente das circunstâncias.

📷 claudio_saints 💼 claudio-santos-nextopinion
FOTO: ©LETÍCIA MACEDO

MAGALI AMORIM é consultora, treinadora, facilitadora em cursos e treinamentos, desenvolvedora humana e profissional, palestrante internacional, docente, mestre em Gestão e Desenvolvimento da Educação Profissional e especialista em Propaganda e Marketing. Já treinou mais de 2 mil profissionais nas áreas motivacional e comportamental. É *sustainable coacher* pelo Continuing Coach Education (CCE), vinculado ao Internacional Coaching Federation (ICF), também especializada em Coaching Acadêmico. É certificada Big Five Brasil como avaliadora para predição de comportamento no trabalho, pela Integração Escola de Negócios.
É escritora em 25 projetos editoriais, com quatro best-sellers: *Inquietos por natureza* (Gente), *Você brilha quando vive sua verdade* (Gente), *Foras da curva* (Gente) e *Excelência no secretariado* (Literare Books International), este último já em segunda edição.
É filha dos alagoanos Luiza Fidelis e José Amorim, que lhe deixaram o legado de ser autêntica. Tem como missão atual despertar o potencial de mentorados para que vivam uma vida de autenticidade.

📷 magaliamorim 💼 magali-amorim-2386516
FOTO: ©ANDRES COSTA PINTO

Viver em sociedade é uma condição à proteção e à sobrevivência humana. John Donne, escritor inglês e um dos maiores representantes da poesia metafísica, já nos provocava com a célebre frase: "Nenhum homem é uma ilha",[1] título do livro de poemas publicado em 1624. Donne estava chamando nossa atenção para a importância das relações sociais e da interconexão entre nós, sugerindo que não podemos viver isoladamente, até porque somos afetados pelas ações uns dos outros.

Construir e manter relacionamentos significativos, que estabeleçam uma rede de apoio mutuamente benéfica, requer atitudes e posturas maduras. Afinal, nossa história pessoal compreende nossa essência, a cultura, os valores e as emoções, fatores que não são deixados de lado quando estamos entre outros indivíduos. Aonde vamos, carregamos quem somos, adequando nossa postura, adaptando-nos ao ambiente, aos objetivos e aos propósitos sem perder a personalidade e a autenticidade.

Por outro lado, conexões superficiais podem gerar sensação de isolamento, mesmo em ambientes sociais ou profissionais movimentados. Frequentar eventos sem estabelecer relações significativas pode levar a um interminável looping de interações vazias.

Então a pergunta que fazemos é: quanto isso pode afetar os negócios, o cargo, a carreira ou a vida pessoal pela ausência de conexões autênticas? Muito. Sabemos bem a dificuldade que a falta de conexões genuínas representa, pois nós três tivemos que aprender a construir verdadeiras redes de

---

1 SILVARES, L. **Nenhum homem é uma ilha**: John Donne e a poética da agudeza. São Paulo: Editora Unifesp, 2015.

relacionamento, e escrever juntos este capítulo é a prova de que conexões existem e funcionam!

Estabelecer conexões, construir uma rede de valor que ofereça suporte e oportunidades de crescimento para todos é um real desafio. É preciso cuidar dos laços feitos hoje, para que se possa desfrutar de resultados futuros.

Zygmunt Bauman, no livro *Modernidade líquida*,[2] discorre acerca da fluidez e da transitoriedade das relações sociais, que se apresentam efêmeras e menos comprometidas, e nos compara ao líquido, que se adapta aos objetos. Quando nos relacionamos, é importante que sejamos genuínos e transparentes porque sustentar, mesmo que por curto período, uma personalidade fictícia é muito desgastante.

Edson Mackeenzy, mentor de negócios, defende que é importante estar disposto e disponível para ser o primeiro a contribuir na relação.[3] Não adianta permanecer sempre buscando o que se pode ganhar em vez de pensar no que se pode oferecer. Essa mudança de mentalidade é o primeiro passo para conexões genuínas, baseadas, inclusive, na premissa *give first* (em tradução livre, "dê primeiro"), isto é, estar disposto a contribuir em vez de buscar ganhos imediatos. Ele é um dos primeiros executivos a abordar, no Brasil, o termo *NetWeaving*, criado há vinte e cinco anos por Bob Littell;[4] trata-se de uma abordagem mais holística e colaborativa do que o networking tradicional, pautada muito mais na colaboração e no servir.[5]

Bob Littell, presidente da NetWeaving International & The Enrichment Co., aponta que enquanto no networking muitas vezes se espera obter, a partir das conexões, um emprego ou um potencial cliente, por exemplo, o

---

2 BAUMAN, Z. **Modernidade líquida**. Rio de Janeiro: Zahar, 2021.

3 MACKEENZY, E. O capital social como estratégia de negócio. **Administradores**, 28 mar. 2024. Disponível em: https://www.administradores.com.br/artigos/o-capital-social-como-estrategia-de-negocio. Acesso em: 14 jan. 2025.

4 LITTELL, B. The concept of NetWeaving is about to explode. **SMM**, 30 out. 2023. Disponível em: https://salesandmarketing.com/the-concept-of-netweavng-is-about-to-explode/. Acesso em: 14 jan. 2025.

5 LITTELL, B. NetWeaving – a way to be invited to the C-Suite (Part II). **SMM**, 15 abr. 2011. Disponível em: https://salesandmarketing.com/netweaving-way-be-invited-c-suite-part-ii/. Acesso em: 14 jan. 2025.

netweaver ajuda outros a resolverem problemas, sem que isso necessariamente gere para si determinado benefício ou ganho pessoal imediato. A diferença está na mentalidade e na abordagem distinta dos dois conceitos.

NETWEAVING: UM NOVO CAMINHO PARA CONEXÕES SIGNIFICATIVAS!

No networking tradicional, a pessoa busca identificar um cliente potencial para o produto ou serviço, ou mesmo um novo emprego. Quando em eventos, um networker naturalmente se pergunta: "Essa pessoa pode ser um cliente prospectivo?"; "Será que ela pode me fornecer informações ou recursos de que preciso?"; "É possível ser uma ponte entre mim e alguém ou tem um serviço que venha a me favorecer?".

Os *netweavers*, por sua vez, se sintonizam com um conjunto diferente de interesses ao conhecer alguém e se perguntam: "Essa pessoa com quem estou conversando poderia ser beneficiada ao se relacionar com alguém que já conheço?"; "As informações e os recursos que essa pessoa tem seriam transformadores para alguém que eu conheço?"; "Estou de fato impressionado com o que essa pessoa está me apresentando e, se seguir assim, posso torná-la parte de minha 'rede de recursos confiáveis'?".

Se, por um lado, o foco do networking é atender aos interesses e às necessidades individuais momentâneas, até mesmo mais egoístas, fazendo com que muitas relações estanquem logo ao fim do primeiro encontro, o *netweaver*, por sua vez, realiza um verdadeiro acompanhamento, já nas primeiras vinte e quatro a quarenta e oito horas após conhecer alguém que realmente o tenha impressionado, seja por mensagem, telefonema ou fazendo algo inusitado e surpreendente.

O *netweaver* primeiro atua como um conector de outros em necessidades, problemas e oportunidades que apresentem, em vez de apenas nos próprios, passando a ser provedor de recursos e informações gratuitos para outros, já validados como excepcionais, seja de pessoas, produto ou serviço, com vistas a construir uma rede de recursos confiáveis ao longo do tempo e expandi-la consistentemente. É ser mais doador do que tomador. Não por altruísmo, porém, baseado na lei da reciprocidade, é dar primeiro não sabendo o que irá receber, pois o retorno do que foi entregue acontece muitas vezes de modo que o *netweaver* sequer poderia ter imaginado.

Ajudar é um meio de elevar a imagem diante dos outros e melhorar a própria maneira de executar o próprio trabalho, pois recebe colaboração daqueles com quem estabelece conexões, acompanhando as relações. Ser o ponto de conexão entre pessoas demanda tempo, energia, criatividade, assertividade, boa observação das necessidades alheias, mas, acima de tudo, comprometimento.

No longo prazo, e algumas vezes bem antes do networking, as atitudes do *netweaver* trazem benefícios para outros e para si, pois é um acelerador da "referenciabilidade". Ser o elo entre pessoas cujos interesses são comuns repercute para quem se encontrou e também para quem apresentou.

Somos instruídos a ter habilidades técnicas e acadêmicas, mas não recebemos instruções sobre a importância das habilidades interpessoais e da construção de relacionamentos reais. Isso pode resultar em insegurança e falta de confiança para estabelecer conexões significativas a fim de navegar no complexo mundo das interações sociais e profissionais.

Queremos, na verdade, que você saiba que a construção de relacionamentos é uma habilidade que pode ser desenvolvida e aprimorada com o tempo e a prática. Como? Ao cultivar conexões genuínas com empatia e intenção real, você transforma cada interação em uma oportunidade de crescimento mútuo, entendendo que primeiro deve se doar para então receber.

Para ter sucesso e êxito em suas interações, é importante lembrar que uma abordagem mais autêntica e empática pode superar barreiras sociais e culturais, além de expandir as oportunidades. A chave está em adotar uma mentalidade de serviço e colaboração, na qual o foco seja a conexão genuína, entendendo e apoiando aqueles que se conectam verdadeiramente com você. Isso não apenas fortalece os laços interpessoais como também cria um ambiente de confiança e reciprocidade para que as oportunidades de crescimento pessoal e profissional floresçam naturalmente.

A prática dessa abordagem, de maneira consistente, é crucial para alcançar resultados tangíveis em suas conexões. Seu comprometimento na aplicação e na prática do método que vamos lhe propor é importante! A transformação que buscamos proporcionar com isso é a construção e o desenvolvimento de uma rede de relacionamentos para apoiar você em suas aspirações profissionais, assim como para enriquecer sua vida pessoal com relacionamentos sólidos, duradouros e mutuamente significativos. Então vamos aos passos que preparamos para você!

1. SEJA GENUÍNO

Conecte-se com pessoas genuinamente, sem buscar ganhos imediatos, mas sim com o desejo sincero de conhecê-las e entender as histórias delas.

2. ESTEJA SEMPRE PRESENTE

Mantenha contato regularmente, enviando mensagens para saber como estão e convidando para encontros informais, como um café, um almoço ou até mesmo uma videochamada, para fortalecer a relação.

3. ESQUEÇA O CALENDÁRIO

Conexões autênticas não se destinam a atender às suas necessidades momentâneas ou imediatas. Esqueça o aqui e agora, jogue a semente para cultivar a árvore que fornecerá a você os frutos do amanhã. Foque relacionamentos de longo prazo, reconhecendo que o verdadeiro valor das conexões é atender à necessidade inerente ao ser humano de ter vínculos interpessoais que sejam reais, fortes e saudáveis. Somente um relacionamento bem sedimentado poderá ajudá-lo em um episódio intempestivo e urgente que você venha a experimentar.

4. FAÇA A MÁGICA ACONTECER

Seja uma pessoa capaz de transformar encontros casuais em conexões significativas, em relacionamentos fortes e duradouros, criando benefícios mútuos e fortalecendo laços de confiança para ambas as partes.

5. PEIXES GRAÚDOS, PEIXES PEQUENOS

Valorize todas as interações, independentemente de status ou posição, pois toda pessoa pode oferecer perspectivas únicas e enriquecedoras. O mar abriga várias espécies. Nade ao lado delas sem desprezar ninguém. Tubarão pensa diferente de peixe-palhaço, embora convivam nas mesmas águas.

6. ESTENDA A MÃO PRIMEIRO

Sua mão é a primeira que deve estar estendida. Seja proativo em oferecer ajuda e apoio, mostrando-se disponível e disposto a contribuir antes mesmo de esperar algo em troca. Isso é *NetWeaving*.

Aplique autenticamente esses passos e incorpore-os à sua mentalidade! Reserve tempo regularmente para escolher e atuar em cada um deles. Participe de eventos, conferências e grupos de interesse que estejam alinhados às suas metas e converse com diferentes pessoas, desde as que o atendem em lojas e restaurantes até as que ocupam cargos executivos. Nunca sabemos efetivamente quem toma as decisões dentro de uma corporação. Não tenha medo de sair da zona de conforto! Fale, aborde e converse com novas pessoas.

Na prática, isso significa ser proativo em suas interações. Fique atento às oportunidades para ajudar outros a agregarem valor antes de pedir algo em troca. Essa abordagem de servir não apenas fortalece as conexões como também cria um ambiente de reciprocidade no qual as pessoas estão mais inclinadas a apoiá-lo em seus objetivos. Dessa maneira, você contribui para que cada pessoa sinta a própria importância na vida.

Foi assim que eu, Claudio Santos, empresário na área da educação e tecnologia, iniciei um negócio fora do Brasil, com uma sede em Portugal:

me conectando com diversas pessoas, cerca de dois anos antes de estabelecer minha empresa nas terras lusitanas. Ali nascia o ecossistema do Next Group, um grupo de empresas e negócios que fazem do *netweaving* o combustível diário para crescimento em escala. Cada conexão é feita, primeiro, com o sentimento de servir, o que nos fez crescer muito nos últimos dez anos e avançar para mais de seis países.

Eu, Agnes Junqueira, especialista em liderança feminina no agronegócio, mantive minhas propriedades e tenho funcionários que trabalham na empresa há mais de vinte anos e que hoje solicitam planos de qualificação para que os próprios filhos trabalhem conosco. Isso aconteceu construindo e mantendo laços verdadeiros e frutíferos que, há quinze anos, quando fiquei viúva, me permitem manter a propriedade rural e prosperar, prestando serviços aos vizinhos e iniciando a criação de gado geneticamente melhorado e diferenciado para servir a clientes que recebem qualidade ao melhorarem os próprios rebanhos.

Os ganhos dessa metodologia também foram importantes para mim, Magali Amorim, atualmente docente universitária. Migrei da vida corporativa, após uma carreira de vinte e sete anos, para a área da educação profissional, tornando-me consultora, treinadora, facilitadora e desenvolvedora humana, palestrante e escritora best-seller. Retomei contatos do passado e, de uma única reunião, saí com mais de dezoito itens para colocar em prática, o que me levou à minha segunda carreira, completando, em 2024, dezesseis anos na nova área.

Em síntese, o que queremos mostrar é: nunca pare de aprender e praticar. A conexão com o outro é algo dinâmico e em constante evolução. Para tanto, é preciso não ter medo de se conectar. Mesmo que perceba que estabeleceu um contato com alguém muito mais interesseiro do que agregador, faça diferente e mude essa dinâmica. Cometer erros faz parte do processo, nos torna mais atentos e ainda é uma oportunidade de aprendizado e crescimento.

Além disso, mantenha-se atualizado e envolva-se com comunidades e ecossistemas, pois, ao compartilhar suas experiências e seus desafios com outros, dará suporte e servirá como inspiração. Considere as oportunidades de carreira que as conexões podem proporcionar. As habilidades adquiridas podem abrir portas para posições desejadas e avanços profissionais e nos negócios.

Estabelecer alianças por meio das conexões é a estratégia que nos permite crescer. Quanto maior e mais contribuinte sua rede for, com informações das mais diversas áreas, resultado das interações, mais ela se retroalimenta, melhorando a geração de valores, percepções sociais e de negócios. Desse modo, criam-se agentes ativos que influenciam outros agentes e assim ampliamos toda a rede.

Se puder, conecte-se também com pessoas de diferentes segmentos de negócio, pois são fontes de informações diferenciadas que nos colocam em mares nunca antes navegados. Porém, nada do que expusemos até aqui terá sido válido se a intenção for unicamente a recompensa imediata e individual, como já comentamos.

Lembre-se de que cada passo que você dá em direção à prática da construção de conexões genuínas, seja pelo networking, seja pelo *NetWeaving*, corresponde a um investimento em seu futuro. Enfrente os desafios com coragem e veja-os como oportunidades de crescimento. Mantenha-se curioso, continue explorando e nunca subestime o poder da persistência, mas sem ser invasivo.

Você tem o potencial para alcançar grandes feitos. Temos certeza de que a mudança de mentalidade em suas conexões irá gerar inúmeras possibilidades para sua vida. Esperamos que, assim como nós, você tenha a certeza de que está mais preparado para seguir e ampliar sua rede de relacionamentos. E nos dê um abraço quando encontrar um de nós três em algum evento!

BÔNUS: PARA SABER MAIS

Acesse o QR Code para conhecer mais sobre *NetWeaving*.

AO CULTIVAR CONEXÕES
GENUÍNAS COM EMPATIA
E INTENÇÃO REAL, VOCÊ
TRANSFORMA CADA
INTERAÇÃO EM UMA
OPORTUNIDADE DE
CRESCIMENTO MÚTUO,
ENTENDENDO QUE PRIMEIRO
DEVE SE DOAR PARA
ENTÃO RECEBER.

11

DELEGAR: DO CAOS À ORGANIZAÇÃO

MARCOS FREITAS é empresário, autor, consultor e palestrante especializado em alta performance. Com uma trajetória consistente de mais de vinte anos, ocupou diversos cargos corporativos, desde estoquista e vendedor até gestor e empresário.
Fundador da Seja AP — Evolução Empresarial, atua ajudando profissionais e empresas a serem felizes, unidos e lucrativos por meio de métodos estratégicos, treinamentos imersivos e consultoria personalizada.
Autor de obras que exploram temas como carreira, empreendedorismo e gestão, combinando experiências práticas com conceitos inovadores para inspirar leitores a adotarem estratégias transformadoras, Marcos acredita no poder da capacitação, do planejamento e da meritocracia como ferramentas essenciais para o sucesso pessoal e organizacional. Tem como propósito auxiliar indivíduos e empresas a superarem desafios e atingirem o máximo potencial.

📷 marcosfreitas
FOTO: ©ALEXANDRE OLIVARES

Uma realidade dura e desafiadora reside no fato de que muitos empresários estão presos a um ciclo de estagnação por não terem um plano tático claro e prático que conecte as próprias ações ao que desejam alcançar. Sem essa estrutura, sem esse plano, é comum sentirem-se sobrecarregados e frustrados, como se todo o esforço fosse em vão. E isso gera um impacto profundo: a empresa não avança, os relacionamentos com a equipe e a família se deterioram, e o empresário perde a confiança em si mesmo.

Pior ainda: muitos acabam se escondendo atrás de justificativas como "Não consigo fazer mais porque a crise do país não deixa" ou acreditando em ideias como "Senão for eu, ninguém faz direito". Esse tipo de pensamento reforça uma mentalidade centralizadora ou de vítima, que paralisa tanto o empresário quanto a equipe e o afasta da verdadeira função estratégica: liderar, planejar e direcionar.

Eu mesmo vivi isso no início de minha carreira. Fazia de tudo na empresa: era o produto, o comercial e o marketing, tudo concentrado em mim. Recebia pedidos para visitar clientes, organizar eventos e resolver questões administrativas. No começo, parecia que essa sobrecarga de tarefas fazia parte do empreendedorismo, mas rapidamente percebi que era insustentável.

A empresa não avançava porque eu estava preso no operacional, e tudo mudou quando decidi montar uma equipe. Foi um processo desafiador, mas essencial. Em pouco tempo, saí de uma estrutura de uma pessoa só para trinta em apenas um ano e meio. O segredo? Delegar com confiança. Isso não significa "delargar". Delegar exige acompanhamento, orientação e confiança. Quando comecei a delegar de verdade, minha empresa ganhou ritmo, produtividade, e os resultados começaram a aparecer.

Assim, entender essas questões – e resolvê-las – causa um impacto profundo na vida do empresário e no futuro da empresa. Cada dia sem um plano tático claro e uma postura estratégica é um dia de oportunidades perdidas e desgaste. Ele sente que trabalha muito, mas não sai do lugar. É uma sensação de "andar em círculo" que gera frustração crescente, dificulta decisões importantes e pode acarretar consequências graves, como o colapso financeiro e emocional, tanto para ele quanto para a equipe.

Em resumo, é um problema que trava o progresso em todas as áreas. Sem um direcionamento claro, a empresa perde competitividade, os colaboradores ficam desmotivados, e as metas tornam-se números inalcançáveis. Ao mesmo tempo, o empresário sente o peso disso no corpo e na mente: noites maldormidas, saúde mental deteriorada e um sentimento crescente de incapacidade. E não é só o negócio que sofre; a falta de resultados também corrói a confiança, gerando isolamento e um ciclo de insatisfação. A maior dor aqui é a ausência de controle e leveza no dia a dia. O empresário sente que não consegue realizar os sonhos que o levaram a empreender. Então o propósito inicial, que um dia foi uma força, agora parece distante.

Desse modo, a consequência direta disso tudo é constante frustração e ansiedade. Trabalhar sem progresso o faz questionar as próprias capacidades, enquanto o cansaço físico e emocional se acumula. Sente-se sempre ocupado, mas nunca produtivo, basicamente preso em um ciclo que parece impossível de quebrar. No fim das contas, é uma carga mental que afeta tanto a vida profissional quanto a pessoal, podendo até mesmo prejudicar os relacionamentos e minar a confiança.

Escrevendo sobre isso, confesso que foi até fácil colocar tais palavras no papel porque, assim como comentei anteriormente, eu mesmo já estive nesse lugar. Conheço bem o peso de acreditar que, "se não for eu, ninguém faz direito". Também conheço a dor de acordar todos os dias com medo de não dar conta das demandas.

São duas as situações que ilustram isso: o empresário que tenta motivar a equipe, mas vê os resultados estagnados; e aquele que trabalha até tarde, mas acorda preocupado com as contas. São reais, eu sei, mas elas podem ser superadas. Sabe como? Com clareza, estratégia e ações práticas. É sobre elas que falaremos nas próximas páginas, mas antes vale ainda outra explicação que contextualizará todo esse cenário.

Quando analiso os motivos pelos quais essa dinâmica é tão comum, percebo que empresários enfrentam essas dificuldades principalmente por falta de preparo estratégico e por influências culturais negativas. Muitos começam negócios sem orientação sobre gestão ou delegação, acumulando funções e sobrecarregando-se. Culturalmente, há uma pressão para centralizar decisões, reforçada pela ideia de que o "empreendedor herói" deve resolver tudo sozinho, enquanto delegar pode ser visto como um sinal de fraqueza.

Outro fator é o acesso limitado a ferramentas e conhecimento prático. A maior parte do conhecimento é absorvido pelo operacional, e o empresário não encontra tempo ou suporte para planejar de maneira estratégica. Por exemplo, empresários que nunca aprenderam a criar metas ou usar indicadores claros acabam navegando no escuro, sem saber se as ações estão trazendo resultados.

Para mudar essa realidade, dois pontos precisam ser trabalhados. Primeiro, aprender a delegar com confiança, sabendo que isso não significa perder controle, e sim ganhar tempo e eficiência. Segundo, é essencial adotar modelos de gestão que equilibrem o operacional e o estratégico, permitindo que o negócio avance sem depender exclusivamente de você.

Então pare de ser o gargalo de seu negócio. Organize as metas, delegue de verdade e foque o que importa. Colocar essa solução em prática exige consistência e comprometimento porque sem ação contínua o problema volta a aparecer. Não adianta criar um plano tático hoje e abandoná-lo amanhã. Planejar, delegar e monitorar os resultados precisa ser parte da rotina. E isso requer mudança de mentalidade. A transformação começa quando você assume o papel estratégico.

Assim, primeiro é preciso definir metas claras. Sem elas, o plano não tem direção. Em segundo lugar, delegar com confiança. Isso significa capacitar sua equipe e confiar que ela pode executar as tarefas. E, por fim, acompanhar de perto os resultados, ajustando o que for necessário. Quando você coloca esse método em prática de modo consistente, a empresa ganha ritmo, eficiência e resultados. A sobrecarga diminui, você recupera o equilíbrio entre vida e trabalho e, o mais importante, o negócio deixa de depender exclusivamente de você. O caos dá lugar à organização, e as oportunidades começam a aparecer.

Então vamos aos passos com maiores detalhes.

PASSO 1: DEFINA AS METAS COM CLAREZA E OBJETIVIDADE

A primeira etapa para criar um plano tático eficiente é ter metas claras. Muitas vezes, os empresários falham porque as metas são vagas ou inalcançáveis. "Quero crescer" ou "Quero ter mais lucro" não são metas; são desejos. As metas precisam ser específicas, mensuráveis, alcançáveis, relevantes e ter prazo definido (a famosa metodologia SMART).

1. Faça uma análise da situação atual de sua empresa: como estão os números de faturamento, lucro, despesas e satisfação dos clientes? Sem essa base, você estará "chutando" objetivos.

2. Escolha no máximo três metas prioritárias para focar de imediato. Por exemplo: aumentar o faturamento em 20% no próximo trimestre.

3. Quebre essas metas em ações menores e definidas, como melhorar o treinamento da equipe de vendas, aumentar a conversão de leads ou otimizar os canais de venda.

4. Certifique-se de que todos os envolvidos entendam as metas e como serão cobrados por elas. Metas sem acompanhamento são apenas sonhos no papel.

O mesmo princípio vale para a vida. Se o objetivo for "ter mais tempo para a família", você precisa definir o que isso significa em termos práticos. Pode ser "jantar em casa com a família quatro vezes por semana", por exemplo. Depois, deve identificar o que precisa mudar em sua agenda para isso acontecer.

PASSO 2: DELEGUE TAREFAS COM CONFIANÇA E MONITORE OS RESULTADOS

O segundo passo é aprender a delegar de maneira estratégica. Como já disse antes, delegar não é "delargar". Você não pode simplesmente repassar uma responsabilidade e virar as costas. Delegar com eficiência exige dois elementos: a capacitação da equipe e o acompanhamento contínuo.

1. **Mapeie as tarefas:** liste tudo o que você faz hoje e identifique o que pode ser delegado. Pergunte-se: "Essa tarefa precisa ser feita por mim ou outra pessoa pode assumir?". O objetivo é liberar seu tempo para se concentrar no estratégico.
2. **Escolha as pessoas certas:** delegue com base nas habilidades e no potencial de sua equipe. Não tente impor funções a pessoas despreparadas ou desalinhadas com a tarefa.
3. **Ofereça clareza:** quando delegar, explique exatamente o que precisa ser feito, o prazo esperado e os critérios de sucesso. A falta de clareza gera erros e frustrações.
4. **Acompanhe os resultados:** estabeleça verificações regulares para avaliar o progresso. Não se trata de microgestão, mas de garantir que as coisas estão caminhando como o planejado. Se seu

objetivo for ter mais tempo livre, delegar também se aplica à rotina pessoal.

Lembro-me claramente de uma experiência no início de minha jornada como empresário. Naquela época, eu centralizava todas as funções, como contei no início do capítulo. Fazia tudo ao mesmo tempo. A empresa parecia uma extensão de mim, e isso era um erro. Estava sobrecarregado, as decisões demoravam, e os resultados não acompanhavam o esforço que eu investia. Tudo mudou quando decidi implementar as duas ações que compartilhei no passo a passo anterior: definir metas claras e delegar com confiança.

O momento mais decisivo foi quando me sentei com a equipe para reorganizar as prioridades. Em vez de tentar abraçar tudo sozinho, estabeleci metas objetivas e comecei a repassar funções estratégicas para as pessoas certas. Por exemplo, uma das metas era aumentar o faturamento em 20% no trimestre. Para isso, deleguei o acompanhamento diário das vendas ao gestor comercial e me concentrei no estratégico: criar novos canais de entrada para leads qualificados.

No início, havia insegurança tanto da minha parte quanto da equipe. Será que eles dariam conta? Será que eu conseguiria abrir mão do controle? Me comprometi a acompanhar de perto, sem microgerenciar. Fiz reuniões semanais para revisar o progresso e ajustar o que fosse necessário. Pouco a pouco, as coisas começaram a fluir. O gestor comercial trouxe ideias que eu não teria tempo de desenvolver. A equipe ficou mais motivada ao ver que as sugestões dadas estavam sendo implementadas. Ao fim do trimestre, não só alcançamos o aumento de faturamento como também superamos a meta em 30%. A empresa ganhou agilidade, os resultados apareceram e, pela primeira vez, senti que tinha espaço para pensar de maneira estratégica. Pessoalmente, voltei a ter tempo para minha família, estudar e cuidar de mim.

É fundamental, portanto, ter essa clareza e colocar o passo a passo em prática. Até porque, sem ação, as mudanças que você tanto deseja simplesmente não acontecerão. Continuar no ciclo de sobrecarga e desorganização é uma receita para o fracasso, tanto no negócio quanto na vida pessoal. A transformação só começa quando você decide agir de modo diferente, adotar um método claro e sair do papel de vítima ou controlador centralizador.

O plano tático que proponho é uma ferramenta incrível, assim como uma mudança de mentalidade que o ajudará a recuperar o controle, alcançar resultados extraordinários e, acima de tudo, experimentar uma vida com mais equilíbrio e propósito. Então meu conselho final é: pare de buscar desculpas ou culpados para os problemas. O controle está em suas mãos. Ninguém além de você pode criar as condições para seu negócio crescer e para sua vida entrar nos eixos.

Confie no método, confie no processo e, principalmente, confie em sua capacidade de aprender e evoluir. Lembre-se: metas claras, delegação estratégica e foco no que importa são o caminho para crescer. Se estiver considerando desistir, pense em seus motivos para começar. Lembre-se de por que decidiu empreender, das metas que sonhou atingir e das pessoas que contam com você, seja sua equipe, sua família ou até você mesmo. Quero que imagine onde pode estar daqui a um ano se aplicar esse método. Se por algum motivo sentir que não consegue, saiba que todos os grandes empresários já enfrentaram esse momento de dúvida. A diferença é que eles decidiram agir. Portanto, só depende de você.

Apesar de este ser o fim do capítulo, ele é apenas o começo de sua transformação. Se você absorveu algo aqui, que seja a certeza de que o protagonismo está em suas mãos. O sucesso não é uma questão de sorte, mas de clareza, estratégia e ação consistente. Você tem o necessário para liderar com propósito, alcançar resultados extraordinários e viver a vida que sempre imaginou. O primeiro passo já foi dado ao reconhecer a necessidade de mudança. Agora, é hora de colocar o plano em prática.

Quero que você saiba que a mudança é possível porque eu já estive exatamente onde você está. Sei como é sentir o peso de todas as decisões e a frustração de não ver os resultados que gostaria. Mas também sei que, ao criar um plano claro e aprender a confiar no processo, a evolução acontece.

Por fim, se quiser ler mais sobre o assunto, quero recomendar dois livros.

1. *Desperte o seu gigante interior*, de Tony Robbins.[1] Trata-se de uma verdadeira aula sobre como dominar seu sistema de tomada de decisões e usá-lo para alcançar os resultados que deseja. Ele complementa o que discutimos aqui, trazendo uma visão mais ampla de como sua mente pode ser a maior aliada no caminho para o sucesso.

2. *Paixão por vencer*, de Jack Welch.[2] Escrito por um dos CEOs mais icônicos do mundo corporativo, esse livro traz cases reais de executivos e empresas, mostrando como estratégias simples, quando bem aplicadas, podem gerar resultados extraordinários. O conteúdo apresentado serve como uma ponte entre a teoria e a prática, com lições que podem ser aplicadas no dia a dia de qualquer negócio.

---

1 ROBBINS, T. **Desperte o seu gigante interior**. Rio de Janeiro: BestSeller, 2017.
2 WELCH, J. **Paixão por vencer**. São Paulo: HarperCollins, 2020.

CONFIE NO MÉTODO, CONFIE NO PROCESSO E, PRINCIPALMENTE, CONFIE EM SUA CAPACIDADE DE APRENDER E EVOLUIR. LEMBRE-SE: METAS CLARAS, DELEGAÇÃO ESTRATÉGICA E FOCO NO QUE IMPORTA SÃO O CAMINHO PARA CRESCER.

12

MULHER: LIDERANÇA QUE GERA IMPACTO

REJANE MACIEL é natural de Arcoverde, no Sertão de Pernambuco, e carrega com ela a força e a determinação típicas da mulher sertaneja. Como professora, empreendedora e líder, ela se dedica a impactar positivamente a vida das pessoas ao redor. É também administradora de empresas, personal e professional coach, além de especialista em Neurociência e Psicologia Positiva. Como empreendedora, lidera o Grupo LW, que começou em Arcoverde e se expandiu pelo Sertão e Agreste de Pernambuco, com trinta lojas em diversos segmentos, empregando cerca de trezentas pessoas. Reconhecendo a importância do empreendedorismo para o desenvolvimento local e nacional, Rejane também criou o programa Empresas Elevadas, que visa apoiar e capacitar empresas em Pernambuco e no Brasil.

Em 2020, para iniciar o processo sucessório do filho na empresa, saiu em um período sabático de cinco meses a bordo de um cruzeiro, porém esse momento foi interrompido pela pandemia de covid-19. No retorno, ela e o esposo enfrentaram o maior desafio da vida deles, ao ingressarem na vida pública. Juntos, disputaram e venceram as eleições, governando a cidade com foco em solucionar problemas ignorados por gestões anteriores.

De 2020 a 2024, atuou como primeira-dama e secretária de Assistência Social, acolhendo as populações mais vulneráveis e promovendo a inclusão e o desenvolvimento social. Além disso, algo que a marcou foi o Caminho de Santiago, na mais intensa e imersiva experiência que já vivenciou, uma jornada de espiritualidade e autoconhecimento.

É mãe de Vinícius e Rosana, avó de Maria Eduarda e companheira de Wellington Maciel. A família é a principal fonte de inspiração e motivação na jornada dela, cuja missão é auxiliar no desenvolvimento de carreiras e na evolução pessoal, ajudando as pessoas a alcançarem a melhor versão delas mesmas.

⌾ rejanevmaciel

FOTO: ©RAFAEL AMORIM

O empreendedorismo nos leva a lugares que, sozinhas, talvez nunca alcançássemos. É um canal por meio do qual o dom, o talento e o propósito que Deus já plantou em nós podem florescer. No entanto, o alinhamento das circunstâncias e do território em que vivemos é o que transforma essa força interior em ação concreta e realização. Essa é a importância do empreendedorismo feminino.

Neste capítulo, quero ajudar você a compreender e a valorizar mulheres donas de negócios. Sabemos que não é um caminho doce, e sim repleto de desafios – e não apenas desafios comuns do mercado. Falarei também da luta interna e amplificada pelas imposições e expectativas que a sociedade coloca sobre nós, mulheres.

As vozes da dúvida, do medo e da insegurança podem, muitas vezes, soar mais alto do que o sonho de empreender. É nesse momento que a verdadeira transformação acontece. E se o medo persistir, quero que vá com medo mesmo, como Chai Carioni afirma no livro *Guerreiras dizem sim para si mesmas*.[1]

Agora reflita sobre isto: o que está impedindo você de avançar? Quais inseguranças bloqueiam seu caminho? Este é o momento de fazer uma pausa, olhar para dentro de si e descobrir os dons que já habitam em você. É hora de associar essa descoberta à coragem necessária para estruturar a própria jornada como empreendedora de modo estratégico.

---

1 CARIONI, C. **Guerreiras dizem sim para si mesmas**. São Paulo: Editora Gente, 2021.

Quando falamos sobre empreendedorismo, imediatamente pensamos em desafios, conquistas e, em alguns momentos, frustrações. Se refletirmos sobre como essas experiências impactam diretamente nossa vida, perceberemos que o empreendedorismo ocupa um lugar especial na vida de muitas mulheres. Até porque sabemos que a rota da jornada nem sempre é clara. É como voar no piloto automático: o sistema ajusta constantemente o desvio entre o local onde a aeronave está e o local onde deveria estar, enviando comandos para corrigir a trajetória. A realidade, contudo, é que o controle do manche da aeronave está em nossas mãos. Não dá para deixar tudo ao acaso, acreditando que está tudo bem sem se certificar do que pode ser feito.

Nossa vida funciona de modo semelhante a um avião ou a um carro: embora desejemos que seja simples, previsível e sem obstáculos – com situações em que basta uma "configuração inicial" perfeita –, a realidade é bem diferente. No começo, estruturamos tudo cuidadosamente: formação profissional, carreira, vida amorosa e familiar. Planejamos alcançar nossos objetivos de modo linear, sem desvios.

Mas, sejamos sinceras, você sabe que não é assim que a banda toca. A vida é cheia de turbulências, reviravoltas e ajustes constantes. E é exatamente nesse cenário que o empreendedorismo feminino se destaca: como uma força capaz de nos ensinar a navegar por essas incertezas, enfrentá-las e sair mais fortes do outro lado.

Então não subestime o papel do piloto – que é você mesma. Reflita sobre a configuração inicial e, acima de tudo, domine a arte de corrigir a rota. Esses ajustes podem ser necessários logo após a aeronave decolar.

Assim como nosso sistema imunológico, que está em constante mudança, enfrentando vírus e bactérias que também evoluem, precisamos caminhar de mãos dadas com a natureza e aprender com ela: a adaptação é essencial para sobreviver e prosperar.

Pense nisso na próxima vez em que ouvir sobre o fim de um casamento aparentemente perfeito. É um exemplo claro de como a configuração inicial foi superestimada. Amor eterno não se sustenta sem esforço contínuo. Qualquer pessoa que tenha vivido um casamento longo sabe que, sem ajustes e reparos constantes, a relação não se mantém. Imagine um casamento de quarenta anos! Quantas rotas precisaram ser ajustadas? Quanta paciência, resiliência e flexibilidade foram necessárias? Toda parceria precisa ser continuamente cultivada.

Nesse sentido, um dos enganos mais comuns que encontro é a crença de que uma boa vida é um estado estável, uma condição permanente. Nada poderia estar mais longe da verdade. A boa vida só é alcançada com ajustes constantes na rota.

Então chegou o momento de abandonar o estigma que muitas vezes acompanha o ato de corrigir. Ajustar não é um sinal de fraqueza, e sim de sabedoria. Quem corrige no momento certo tem uma vantagem enorme sobre aqueles que permanecem presos à configuração inicial, esperando, em vão, que o plano funcione sem mudanças.

Lembre-se de que não existe um rumo ideal ou uma única meta de vida que sirva para todos. Não há estratégias empresariais perfeitas, um portfólio infalível de ações, o emprego dos sonhos ou o lugar perfeito para viver. Nossos caminhos sempre começam onde estamos, e cabe a nós ajustá-los continuamente, momento a momento.

À medida que o mundo se torna mais complexo e tecnológico, o ponto de partida perde importância. Por isso, não invista todos os seus recursos e expectativas na "configuração inicial perfeita", seja na vida pessoal ou na profissional. Em vez disso, desenvolva a arte da correção. Reavalie constantemente o que não deu certo, mas faça isso em tempo hábil, sem hesitação ou culpa. Ajustar a rota é um sinal de sabedoria, não de falha. E lembre-se: o céu é o limite, e você pilota seu próprio avião. O comando está em suas mãos. Agora é hora de voar!

Minha jornada como professora na educação tradicional, que migrou para a educação corporativa para atender a uma lacuna no mercado, me ensinou muito. Atuei em várias frentes do empreendedorismo local, incluindo como presidente da Associação Comercial de Arcoverde e parte da diretoria da Asic Mulher do Estado de Pernambuco.

Portanto, para criar um plano tático voltado a impulsionar os resultados na vida pessoal e profissional, quero que você desperte a coragem para fortalecer seu negócio e empreender com propósito. Essa é uma abordagem transformadora.

PASSO 1: DEFINA METAS CLARAS

O objetivo é estabelecer metas específicas, mensuráveis, alcançáveis, realistas e temporais, também conhecidas como metas SMART. Para fazer isso, é preciso seguir algumas ações.

- **Brainstorm:** dedique um tempo para listar todas as suas aspirações, tanto pessoais quanto profissionais.
- **Priorize:** escolha as metas que têm maior impacto e estão alinhadas aos seus objetivos de longo prazo.
- **Documente:** escreva suas metas detalhadamente, explicando por que são importantes e como medirá seu progresso.

Exemplo: "Melhorar a satisfação do cliente em 10% nos próximos quatro meses."

PASSO 2: DESENVOLVA HABILIDADES E NETWORKING

O objetivo é expandir suas competências e construir uma rede de contatos sólida. Para fazer isso, é preciso seguir algumas ações.

- **Identifique necessidades:** liste as habilidades que precisa desenvolver para alcançar as metas, sejam técnicas ou de liderança.
- **Invista no conhecimento:** inscreva-se em cursos e workshops relevantes às suas áreas de interesse.
- **Networking ativo:** participe de eventos locais, webinars e grupos de empoderamento feminino. Construa conexões significativas.

Exemplo: "Participar de uma conferência de negócios e estabelecer contato com pelo menos cinco novas pessoas do meu setor".

PASSO 3: SAIA DA ZONA DE CONFORTO

O objetivo é superar medos e limitações autoimpostas que possam travar o próprio crescimento. Para fazer isso, é preciso seguir algumas ações.

- **Desafios semanais:** proponha-se a um desafio pessoal a cada semana para sair da zona de conforto, como falar em público ou assumir um novo projeto.
- **Reflexão:** após cada desafio, analise a experiência. O que aprendeu? Como se sentiu? Quais foram os resultados?

Exemplo: "Participar como palestrante em um seminário sobre meu negócio ou produto".

PASSO 4: MONITORE E FAÇA AJUSTES CONTÍNUOS

O objetivo é acompanhar o progresso e adaptar estratégias conforme necessário. Para fazer isso, é preciso seguir algumas ações.

- **Revisões regulares:** mensalmente, reserve um momento para revisar suas metas e avaliar o que está funcionando e o que precisa ser ajustado.
- **Busque feedback:** consulte mentores ou colegas de confiança para receber insights valiosos e evitar possíveis erros.

Exemplo: "Revisar os números do negócio e ajustar campanhas de marketing com base em dados recentes".

BÔNUS

Construir uma mentalidade de crescimento é essencial para o desenvolvimento pessoal e profissional. Ao focar aprender com cada experiência e encarar os obstáculos como aliados, você se torna uma líder mais forte e eficaz. Cada desafio deve ser visto como uma oportunidade; a jornada do conhecimento é, sem dúvida, um caminho repleto de descobertas e transformações.

Agora, pergunte a si mesma: "Quais passos posso dar hoje para cultivar essa mentalidade em minha vida e carreira?". O futuro depende das escolhas que você faz no presente, e adotar uma mentalidade de crescimento é, sem dúvida, um passo crucial rumo ao sucesso.

Seguir esse plano tático formado por quatro passos pode ajudar mulheres empreendedoras a saírem da zona de conforto e entrarem na zona de sucesso. Lembre-se de que cada jornada é única, e a persistência é a chave para o crescimento. Isso também aconteceu comigo e apliquei para mudar.

Iniciei minha carreira profissional aos 20 anos, como professora na Educação de Jovens e Adultos (EJA). Em minha sala multisseriada, com cinquenta alunos entre 16 e 55 anos, ensinava disciplinas como Matemática, Português, Ciências e Estudos Gerais. Na época, conciliava minhas atividades como servidora concursada do Estado de Pernambuco com o empreendedorismo ao lado de meu esposo, Wellington Maciel, no segmento de cereais no mercado público municipal. Também já era mãe da pequena Rosana e aluna do curso de Letras.

Com o tempo, nossos negócios começaram a prosperar, e, após seis anos na sala de aula, enfrentei uma decisão importante: continuar na educação ou dedicar-me integralmente ao crescimento de nossa empresa familiar. O chamado do empreendedorismo falou mais alto. Decidi deixar a educação tradicional, mas a paixão por ensinar nunca me abandonou.

Depois, um verdadeiro divisor de águas foi minha participação no Empretec, programa do Serviço Brasileiro de Apoio às Micro e Pequenas Empresas (Sebrae), que me despertou uma nova visão sobre o empreendedorismo e a busca incessante por conhecimento. Motivada por essa transformação, iniciei o curso de Administração de Empresas, com o objetivo de gerir nossos negócios e capacitar líderes e colaboradores, preenchendo uma lacuna de profissionalização no comércio local.

Hoje, contamos com trinta lojas em diversos segmentos, incluindo móveis, eletrodomésticos, moda, tecnologia e esportes, e o aprendizado constante segue como meu norte. Atualmente, estou me especializando em Neurociência e Psicologia Positiva, ampliando minha capacidade de impactar pessoas e negócios.

Por fim, posso dizer que me sinto extremamente feliz e realizada, guiada por minhas cinco principais forças de caráter: generosidade, amor, criatividade, amor pelo aprendizado e curiosidade.

A essência da liderança positiva está em impactar a vida das pessoas ao nosso redor. É mais do que gerir equipes; é inspirar, apoiar e criar um ambiente onde todos possam prosperar. Quando olhamos para o futuro, encontramos um caminho repleto de oportunidades, mas percorrê-lo exige coragem e, muitas vezes, disposição para reinventar a maneira como nos relacionamos, tanto com nossas equipes quanto com nossa própria liderança.

Mulheres que se unem em torno de um propósito comum têm o poder de transformar não apenas as empresas, mas também as comunidades. Essa força é ainda maior quando guiada por uma mentalidade positiva, que começa dentro de cada uma de nós. O primeiro passo para desenvolver essa mentalidade é praticar a gratidão. Em meio às preocupações diárias, muitas vezes deixamos de valorizar as pequenas coisas que iluminam nossa jornada. Manter um diário de gratidão pode parecer um gesto simples, mas é uma ferramenta poderosa para resgatar a abundância que já existe em nossa vida.

No entanto, ao longo desse caminho de liderança e autodescoberta, surge uma pergunta importante: será que a história que contamos sobre nossa vida é tão realista quanto acreditamos? Quantas vezes nos prendemos a narrativas que moldam nossos pensamentos, nossas noites em claro e até mesmo nossas decisões?

A verdade é que mudamos mais rápido do que percebemos. Nossas preferências, nossos hobbies, nossas músicas favoritas e até nossos valores podem evoluir com o tempo, mesmo quando parecem imutáveis. E, por mais que desejemos acreditar que controlamos tudo, o acaso desempenha um papel maior do que gostaríamos de admitir.

Essas mudanças e incertezas são naturais, mas, muitas vezes, as desculpas que criamos se tornam pastilhas de freio, impedindo-nos de aprender com os erros. Celebrar a transformação não significa ignorar o que deu errado, e sim reconhecer que o aprendizado é um passo essencial para seguir em frente.

Liderar positivamente, portanto, é tanto inspirar os outros quanto estar aberta à própria mudança. É celebrar a jornada – com seus acertos, seus tropeços e, acima de tudo, a coragem de continuar.

A ESSÊNCIA DA LIDERANÇA POSITIVA ESTÁ EM IMPACTAR A VIDA DAS PESSOAS AO NOSSO REDOR. É MAIS DO QUE GERIR EQUIPES; É INSPIRAR, APOIAR E CRIAR UM AMBIENTE ONDE TODOS POSSAM PROSPERAR.

13

DOIS PASSOS PARA A VERDADEIRA RIQUEZA

GUILHERME ENCK é formado em Engenharia de Produção pela Universidade Federal do Rio Grande do Sul e certificado em Engineering Management pela Loughborough University (Reino Unido). Com carreira sempre ligada ao mercado financeiro, fundou três fintechs, entre elas a plataforma de investimentos em startups Captable, na qual atuou até fazer o *exit* em 2024. Hoje, dedica-se à atuação como investidor-anjo e *advisor* de startups *early-stage*. É baterista da banda Mind the Gap, ainda que a prática do piano ocupe a maior parte dos momentos de lazer. É surfista, tenista e um ávido leitor de interesses ecléticos.

 guilhermeenck
 guilherme-enck
FOTO: ACERVO PESSOAL

"Dê-me uma alavanca e um ponto de apoio e eu moverei o mundo." Foi assim que Arquimedes transmitiu à humanidade, ainda antes da Era Comum, uma poderosa tecnologia capaz de aplicar um fator multiplicador à força física de um indivíduo.

A tecnologia nada mais é do que o emprego de conhecimentos, técnicas e ferramentas para aumentar a capacidade humana de trabalho. Hoje, vivemos o momento dos semicondutores, dos transistores, dos "zeros e uns" da programação de modo tão intenso que nos habituamos a usar o termo "tecnologia" como sinônimo de tecnologia da informação. Com efeito, a transformação digital inundou o mundo com poderosas ferramentas de produtividade e as tornou cada vez mais acessíveis ao usuário comum. Justamente por isso, o conceito transmitido por Arquimedes está mais relevante e potente do que nunca: estamos na era da alavancagem sem limites, e ela será sua maior aliada na busca pela geração de riqueza e prosperidade.

A construção de patrimônio e o sucesso profissional são essenciais para que qualquer indivíduo possa aproveitar ao máximo a vida, realizar sonhos, garantir o futuro da família e a paz de espírito, bem como algum posicionamento perante o próprio círculo social. Por isso, é bem possível que você sinta a necessidade de se dedicar cada vez mais à sua carreira como forma de aumentar seus rendimentos. E há certo progresso: você mostra esforço e resultado, negocia um aumento, é promovido ou recebe uma proposta melhor de um concorrente. Assim, à medida que sua carreira avança, seus rendimentos aumentam.

Porém, esse aumento não ocorre na velocidade necessária. O custo de vida sempre cresce na mesma medida ou até mesmo mais rápido do que a renda. Assim, você entra em uma espécie de corrida dos ratos: tal qual um roedor correndo em uma roda giratória, você despende uma grande quantidade de energia sem que isso o faça sair do lugar. Trabalha-se mais para ganhar mais, gasta-se mais, necessita-se trabalhar ainda mais. Não há um real progresso em direção à liberdade – pelo contrário: você se torna cada vez mais escravo desse ciclo devido à pressão gerada pelos gastos familiares e pela necessidade de satisfazer as expectativas da sociedade.

O sentimento é de que você precisa fazer uma escolha cruel: ou ser um *workaholic* para construir riqueza e patrimônio, ou aproveitar a parte doce da vida ao lado da família e dos amigos. Você sente que, quanto mais trabalha e progride na carreira, menos se aproxima da vida que quer. O momento em que se dedicar à sua atividade profissional passará a ser uma escolha, e não uma necessidade – a tão sonhada liberdade financeira –, parece ser uma realidade distante. Você sabe que o acúmulo de patrimônio é algo que ocorre ao longo do tempo – e já está cansado de ouvir seu influencer de finanças preferido repetir a mesma velha história sobre o poder dos juros compostos. E isso cria um alerta interno: *Preciso resolver esse modelo quebrado de gerar riqueza, antes que seja tarde.*

É possível que você tenha se identificado com parte ou com o todo, uma vez que esse cenário é bastante comum. Afinal, seu modelo de geração de riqueza foi herdado da cultura de nossa sociedade: somos treinados, desde muito cedo, a progredir de modo gradual, um passo por vez. Se, nos tempos de escola, aprendêssemos algo mais avançado, que não constaria na prova, não receberíamos nenhuma nota a mais por isso; mas bastaria respondermos exatamente aquilo que o professor ensinou para tirarmos a nota máxima. Não fomos provocados a testar algo fora do pensamento tradicional e linear. Seguimos o modelo mais praticado pela sociedade para buscar nosso sustento: vender nossas horas em troca de um salário.

Além disso, há uma questão comportamental envolvida: como o paladar não retrocede, um luxo, uma vez conquistado, passa a ser uma necessidade. Por isso, o padrão de consumo e o custo de vida terão a tendência permanente de crescer: sempre que sua renda aumenta de modo linear, você, involuntariamente, ajusta seu padrão de vida na mesma medida. Compra uma casa maior, um carro melhor, viaja com maior frequência etc. Por conta dessa tendência natural, você não acumula patrimônio e não sai da corrida dos ratos.

Precisamos de uma mudança radical, de um novo paradigma para sua vida financeira. Faremos isso em dois passos: primeiro, você desconstruirá seu modelo atual de remuneração e entenderá de onde vem a verdadeira riqueza, para que possa focar a construção dela. Com esse objetivo estratégico definido, no segundo passo abordaremos a parte tática e operacional, implementando a alavancagem e a consequente escalabilidade às suas atividades diárias. O resultado será uma máquina de riqueza que lhe gera dinheiro enquanto você dorme ou está de férias. Não é tentador?

1. REPENSANDO SEU MODELO DE RIQUEZA

Vamos à raiz do problema: a grande maioria aufere ganhos de maneira diretamente relacionada ao tempo dedicado. Ao trabalhar para uma empresa, você tem um contrato de trabalho que determina que emprestará seu tempo, sua energia e suas capacidades para o empregador em troca de um pagamento. O salário, portanto, é a contrapartida pelas horas alocadas. Outra forma de enxergar essa limitação é observar a dinâmica de rendimentos de um profissional autônomo, como um médico, um advogado ou um professor particular. Tomando o exemplo deste último, se esse profissional tiver o desejo de dobrar a renda, deverá dobrar o número de alunos e, por consequência, dobrar o número de horas dedicadas a essa atividade. Nos contextos citados, o perfil dos ganhos é o mesmo: ao parar de alocar horas, você deixa de auferir receitas.

A primeira maneira de aplicar o conceito da alavancagem é mudando o modo como você enxerga o trabalho e a geração de renda.

Naval Ravikant, empreendedor, investidor e filósofo norte-americano, argumenta que você não deve focar "ganhar dinheiro", e sim "construir riqueza", e define "riqueza" como ativos que lhe geram dinheiro enquanto você dorme.[1] É a fábrica, um robô, uma máquina produzindo. Pode ser o programa de computador que roda durante a noite, servindo aos clientes ou até mesmo dinheiro no banco reinvestido em outros ativos e negócios.

Segundo Naval, para gerar riqueza, você deve possuir participações societárias, ser dono de pedaços de ativos.[2] O cálculo é simples: o salário *versus* a propriedade de um ativo. Se você é pago para alugar seu tempo, você pode ganhar algum dinheiro, mas dificilmente ganhará o dinheiro que lhe dará liberdade financeira. Se você trabalha para outro em vez de trabalhar para si, será pago o mínimo necessário para fazer o trabalho. Pode até ser um "mínimo necessário" alto, mas ainda não será a verdadeira riqueza, aquela por meio da qual você poderá parar de trabalhar e que continuará gerando fluxo de caixa ou apreciando em valor.

Voltando aos exemplos anteriores, exceções e nuances à parte, os médicos e advogados que enriquecem são aqueles que abrem um negócio, ou seja, uma clínica ou um escritório. Pense nas pessoas mais bem-sucedidas patrimonialmente que você conhece. É bem provável que a maior parte delas, senão a totalidade, seja dona da própria empresa ou tenha algum tipo de participação em algum negócio. A melhor forma de ser bem-sucedido patrimonialmente é empreendendo. Algumas pessoas empreendem criando empresas, outras empreendem se tornando donas de uma parte das empresas criadas por outros.

Você deve buscar ser dono de uma parte de um negócio. Pode se tornar investidor de alguma empresa, pode começar o próprio negócio ou,

---

1 JORGENSON, E. **The almanack of Naval Ravikant**: a guide to wealth and happiness. Reino Unido: Magrathea Publishing, 2020. p. 30.
2 *Idem*. p. 53.

ainda, pode negociar a aquisição de ações da empresa para a qual você trabalha – mecanismos como *vesting*, *partnership* e *employee stock-option pool*[3] são cada vez mais comuns como política de incentivos.

Este, portanto, é o primeiro passo: você precisa ter a propriedade do próprio trabalho ou do trabalho dos outros. Por isso, para construir patrimônio, seu objetivo deve ser apenas um: acumular participações. Afinal, a verdadeira liberdade financeira virá somente se você tiver sistemas que geram valor independentemente de seu tempo investido de maneira direta.

2. BUSCANDO A ESCALABILIDADE DE SEU DIA A DIA

O segundo passo consiste em acrescentar um componente de escala às horas que você dedicar, eliminando a relação proporcional entre a quantidade de horas trabalhadas e o volume de trabalho executado, para que você possa viver com todas as esferas da vida em equilíbrio sem colocar em risco seu futuro financeiro. Diferentemente do modelo anterior, uma hora a mais cuidando de sua família ou de sua saúde não irá mais significar uma hora a menos de riqueza gerada.

O modo mais tradicional de aplicar escala a seu trabalho é por meio de pessoas. Isso significa construir equipes, delegar tarefas, gerenciar trabalhadores terceirizados. Quase todas as grandes empresas cresceram nesse formato. Porém, proponho olharmos para um modelo de alavancagem mais adaptado aos tempos atuais.

Possivelmente o mais poderoso método de escalabilidade é a programação – isto é, a criação de sistemas, softwares e automações. Naval argumenta que programar um sistema, juntamente com o poder de

---

3 Esses três mecanismos são diferentes modelos jurídicos para regrar a concessão de participação societária de uma empresa aos colaboradores como incentivo. Há uma série de casos documentados em que colaboradores de empresas de alto crescimento criaram patrimônios consideráveis a partir de acordos como esses.

distribuição de conteúdo das mídias digitais, é a maneira definitiva de alavancagem:[4]

- Você tem um esforço e um custo inicial para criá-lo.
- A partir desse momento, ele ficará rodando a um custo baixíssimo sem depender do esforço de ninguém.
- Estará rodando enquanto você dorme ou tira férias.
- Pode escalar ao infinito.

Bens digitais, por natureza, têm custo zero de replicação e podem ser copiados e distribuídos a milhões de usuários com quase nenhum custo adicional. A título de exemplo, uma vez que a plataforma está operando e o conteúdo está disponível, o custo para fornecer o serviço a cada novo usuário de Netflix, Spotify, Trello ou qualquer outro sistema digital é praticamente zero. Da mesma maneira, o conteúdo que você criou e publicou pode seguir sendo lido ou assistido por mais e mais pessoas – inclusive enquanto você dorme – sem qualquer dispêndio adicional de tempo e recursos além do incorrido no momento da criação. Além disso, como diz Naval, programação e conteúdo são "alavancagem sem precisar de permissão",[5] uma vez que você não necessita de aprovação ou cooperação de ninguém para rodar um código (se for você mesmo a construí-lo) ou publicar um conteúdo, diferentemente de quando você escala a partir do dinheiro (investimentos) ou da contratação de pessoas.

Se não for possível oferecer seu produto ou serviço na forma de software para o cliente, ao menos crie sistemas para você mesmo, para automatizar tarefas e, assim, alavancar a capacidade de seus processos internos. Deparei-me com uma situação bastante curiosa em uma competição de *pitches* de startups na qual fui um dos jurados. Uma das startups competidoras havia desenvolvido um software poderoso e, inicialmente,

---

4 JORGENSON, E. *op. cit.* p. 59.
5 *Ibidem.*

o comercializou com um modelo de assinatura. A startup, entretanto, esbarrou na cultura dessa indústria, que, em vez de contratar e operar o software para gerar as mesmas análises de maneira mais rápida e barata, preferia encomendar um relatório de uma consultoria. Para se adaptar ao mercado, a startup passou a vender relatórios, porém, internamente, o trabalho dela era ínfimo: bastava imputar as informações, rodar o software e gerar o relatório de modo automático.

Outro exemplo interessante é o de um amigo empreendedor que desenvolveu um software para ajudá-lo em algumas tarefas-chave do negócio. Sabendo que outras pessoas que atuavam naquele mercado tinham a mesma dor, ele decidiu comercializar o acesso à ferramenta; dessa maneira, algo que foi feito para uso interno passou a ser um produto e gerar receita. Na mesma linha, há o caso da Palantir, uma gigante de análise de dados norte-americana fundada por ex-sócios do PayPal, que surgiu a partir de um sistema antifraude desenvolvido pelo PayPal para uso na própria operação. De tão eficiente, o sistema virou um produto em si, e a Palantir hoje vale mais de 150 bilhões de dólares.[6]

Programar a própria solução não é algo obrigatório: existe uma série de sistemas disponíveis que podem ajudar você, principalmente à medida que a inteligência artificial dá origem a ferramentas que "pensam" de maneira análoga a um ser humano. Com esse ferramental, você consegue automatizar uma série de tarefas e processos capazes de alavancar sua atuação diária.

Renuncie a algumas horas trabalhando e gerando renda para observar de cima, com olhar crítico, seu dia a dia. Faça um mapeamento dos processos, tanto na vida pessoal quanto no trabalho. Para cada etapa, identifique o que é passível de ser apoiado pelo uso de alguma ferramenta e estruture uma lista. Em seguida, busque soluções em plataformas como

---

6 Cotação de janeiro de 2025. Disponível em: https://statusinvest.com.br/acoes/eua/pltr. Acesso em: 14 jan. 2025.

o Producthunt.com ou o Theresanaiforthat.com. Você pode também usar algum LLM (Large Language Model, modelo de linguagem em grande escala) como o ChatGPT ou o Claude, descrevendo bem a tarefa e solicitando que lhe sugiram um sistema para automatizá-la.

Todo esse processo lhe tomará um tempo razoável: você terá que alocar horas para encontrar os sistemas que podem ajudar com essas tarefas e aprender a operá-los ou configurá-los. Além do tempo despendido, você perceberá que, em muitos casos, aplicar a alavancagem significará maiores custos nesse primeiro momento. Mas lembre-se: são passos necessários para agregar uma nova configuração que possibilitará avançar de modo mais eficiente e veloz, pois você acabou de criar a condição para que o processo escale.

Eu mesmo aplico ostensivamente os dois passos desse método em minha vida pessoal e em meus negócios. Antes mesmo de finalizar a faculdade, eu já estava empreendendo e buscando participações societárias em detrimento de um emprego. Com o tempo, fui usando meus rendimentos para acumular mais participações em mais empresas. E o que eu faço com minhas horas? Em vez de vendê-las em troca de um salário, eu as dedico para cuidar dessas participações, acompanhando de perto e ajudando a potencializar as startups e os negócios tradicionais dos quais sou sócio. Enquanto estou de férias, tenho pessoas trabalhando pelos negócios dos quais faço parte e, por conseguinte, estão aumentando meu patrimônio por mim.

Provoco continuamente todas as minhas startups investidas a implementarem o pensamento de alavancagem como cultura da empresa: todo processo deve ser criado com a capacidade de escalar. Em meus negócios, não apenas o produto deve ser escalável, mas também os processos internos. Criamos sistemas, usamos softwares contratados, delegamos tarefas para freelancers e outros tipos de prestadores terceirizados, aliviando ao máximo o tempo das pessoas mais importantes – e mais caras – da companhia.

184 Sonho sem estratégia não vira realidade

As empresas de Elon Musk são sempre construídas a partir da alavancagem como pilar. Na Tesla, os carros foram desenvolvidos contemplando um software que permite que recebam atualizações remotamente, melhorando performance, gestão da bateria e segurança sem a necessidade de intervenção dos engenheiros. Na Space X, Musk focou esforços em desenvolver um foguete reutilizável, redesenhando totalmente o perfil econômico da indústria.[7] Com isso, a expectativa é que a mais nova nave, a Startship, quando operada, tenha um custo de lançamento de apenas 10 milhões de dólares *versus* cerca de 1,5 bilhão de dólares para os lançamentos do programa Apollo (1969) e dos ônibus espaciais (2011).[8] À primeira vista, investir tempo e recursos para buscar ambas essas inovações não seria prioridade se os critérios fossem o custo e o retorno imediato. Porém, Musk conhece e prioriza o poder da alavancagem, bem como o resultado que esta pode trazer no longo prazo.

Assim, os conceitos citados nestes dois passos podem parecer óbvios. E de fato são. Mas a verdade é que a maior parte das pessoas está presa a um modelo linear de progresso. Você só se tornará dono de seu tempo e independente financeiramente quando:

1. **Alavancar sua renda.** Ou seja, quando seu formato de remuneração deixar de depender diretamente de suas horas alocadas. Você fará isso acumulando propriedades de ativos.

2. **Alavancar sua capacidade de trabalho.** É essencial que você, de alguma maneira, trabalhe para adquirir a expertise de usar código e conteúdo a seu favor. Se você não programa ou não tem condições de contratar quem programe, estude ferramentas *no-code*

---

7 MANE, S. Overview on reusable space launching system. **International Journal of All Research Education and Scientific Methods**, v. 12, n. 8, p. 1346-1353, 2024. Disponível em: https://www.researchgate.net/publication/383181934_Overview_on_Reusable_Space_Launch_System. Acesso em: 14 jan. 2025.

8 WARD, C. How much does it cost to launch a falcon 9 (and other rockets)?. **SyFy**, 10 maio 2024. Disponível em: https://www.syfy.com/syfy-wire/how-much-does-it-cost-to-launch-a-falcon-9-and-other-rockets?t. Acesso em: 14 jan. 2025.

ou *low-code*,[9] use inteligência artificial, dedique-se a encontrar e a aprender a usar soluções disponíveis.

Aprender a utilizar as ferramentas tecnológicas à disposição para ganhar escala em tarefas e processos não é fácil. Como qualquer outra habilidade, requer treino e paciência até conseguirmos gerar os melhores resultados. Os ganhos da aplicação do conceito de alavancagem nunca foram tão grandes, e o custo nunca foi tão baixo. Não é uma decisão sensata deixar de aproveitar essa oportunidade que temos hoje. Os resultados para a vida virão com mais tempo, mais dinheiro e mais energia para direcionar àquilo que é realmente importante para você.

---

9 Ferramentas através das quais pessoas com baixo ou nenhum conhecimento de código conseguem desenvolver sistemas.

A VERDADEIRA LIBERDADE FINANCEIRA VIRÁ SOMENTE SE VOCÊ TIVER SISTEMAS QUE GERAM VALOR INDEPENDENTEMENTE DE SEU TEMPO INVESTIDO DE MANEIRA DIRETA.

CONCLUSÃO
OU MUDA, OU MUDA

→ POR MARCOS FREITAS

Quando eu ainda era um jovem rebelde sem causa, ouvi uma frase de minha mãe que marcou não só meu dia, mas também toda minha vida e tudo o que tenho construído desde então. Era uma tarde chuvosa, nublada, parecia um dia estranho, e os ânimos estavam alterados. Eu tinha 15 anos, ou seja, estamos falando de quase trinta anos atrás.

Não me lembro exatamente de qual foi o motivador da frase, mas imagino que eu estava dando trabalho para ela e reclamando de algo que não acontecia. Então ela disse: "Filho, tudo muda se você mudar". Isso é muito poderoso e carrego comigo desde aquela ocasião. Em quantos momentos nos esquecemos da verdade mais pura e simples que existe nessa frase. E é verdade: tudo muda se você mudar. Não adianta esperar do universo ou que um milagre aconteça se não dermos os primeiros passos.

Então quero encerrar esta obra, tão poderosa e transformadora, com essas palavras, para que elas reverberem em você do mesmo modo que reverberaram em mim. Queira, ouse, tente. Não há nada mais poderoso do que um homem ou uma mulher que quer algo, ousa mudar e tenta fazer diferente. Existe uma força descomunal nessas palavras, e essa mesma força está dentro de nós, completamente desconhecida por muitos.

Ao longo dos capítulos, buscamos fortalecer esse ponto de mudança para auxiliar cada pessoa que estivesse segurando o livro, de modo a encorajá-la a dar os próximos passos rumo ao sucesso. Espero que o objetivo tenha sido atingido. Espero também que você termine a leitura energizado, vendo diante de seus olhos a abertura de novos caminhos para o crescimento e desenvolvimento, seja em sua vida ou seus negócios.

Se vacilar em tomar as decisões, se ficar em dúvida sobre o que fazer ou quais próximos passos dar, tenho um último pedido: tenha coragem para agir, porque até mesmo o menor movimento dado tem o poder de mudar completamente o rumo de seus próximos passos. E esses pequenos passos, essas ações que precisam ser tomadas, são indispensáveis. Uma leitura sem ação é o mesmo que ter um carro com combustível, mas não dirigir. Você tem o meio de transporte, tem o combustível, mas não age para chegar ao destino. Fica parado, estagnado, preso ao mesmo lugar. Então reflita, releia e movimente-se com base em tudo o que aprendeu durante a leitura.

Para finalizar, uma história rápida: lembro-me bem de que, com 35 anos, estava em uma fase triste da vida. Um tanto depressivo, um tanto frustrado e decepcionado com minha carreira. Não sabia o que fazer, quais próximos passos dar e como me movimentar para chegar aonde queria – se é que eu realmente sabia aonde queria chegar. A realidade, no entanto, é que foi uma leitura como esta que me fez ter força para agir. Foi com um livro como este que pedi demissão, mudei de cidade e construí uma vida muito melhor do que tinha antes.

Se colocadas em prática, as ferramentas que viu aqui têm o poder de fazer essa mesma transformação por você, de acordo com seus objetivos. Existe um mundo que não conhecemos, e acredite quando digo que ele é muito melhor quando temos a coragem para agir e fazer diferente. Quando impulsionamos com ações a possibilidade de a vida nos abrir portas, encontramos do outro lado um mundo muito melhor.

Encerro, portanto, desejando a você força e tempo. Força para colocar em prática. E tempo para aplicar o que aprendeu.

ESPERO QUE VOCÊ TERMINE A LEITURA ENERGIZADO, VENDO DIANTE DE SEUS OLHOS A ABERTURA DE NOVOS CAMINHOS PARA O CRESCIMENTO E DESENVOLVIMENTO, SEJA EM SUA VIDA OU SEUS NEGÓCIOS.

Este livro foi impresso
pela Gráfica Assahi em
papel pólen bold 70 g/m²
em abril de 2025.